KB213072

사춘기를 위한
말하기 수업

사춘기를 위한
말하기 수업

권희린 지음

생각
학교

말하기가 두렵고 서툰 십 대에게

어린 시절, 나는 웅변 학원에 다녔어. 당시에는 동네마다 지금의 피아노 학원이나 태권도 학원처럼 웅변 학원이 많았고, 엄마는 말에 자신감을 가져야 한다며 나를 웅변 학원에 보냈지. 나는 웅변 대회에 나가기 위해 매번 원고를 달달 외웠고, 대회에선 두 주먹을 불끈 쥐고 손을 앞으로 뻗으며 큰 소리로 이렇게 외쳤어.

"이 연사, 힘차게 외칩니다!"

카랑카랑한 목소리와 야무진 제스처 덕분에 대회마다 상을 휩쓸었지만, 교실에서는 좀 달랐어. 친구들에게 먼저 말을 거는 것이 쑥스러웠고, 발표하라고 지목을 받으면 어김없이 고개를 떨구었지. 웅변이야 대본이 있었고 일방적으로 외우고 연습하면 가능했지만, 친구들 앞에서 자연스럽게 말을 꺼내는 것은 좀 많이 어려웠어. 그도 그럴 수밖에 없는 게 친구들과의 말하기, 소통은 누구에게도 배운 적이 없었거든. 그래서 늘 다른 사람 앞에 서서 말하는 것이 두려웠고, 혹여나 정답이 아닌 말을 할까 봐 겁이 나기도 했지. 그래서 초등학교 저학년 때까지는 누구에게도 마음을 열지 못하고 소극적이고 내성적으로 지냈어.

그러던 어느 날, 그런 내가 안타까웠는지 담임 선생님이 나를 불러 말했어.

"말하기에는 정답이 없어. 용기를 내보는 건 어떨까? 네 속마음을 친구들에게도 이야기하다 보면 친구들과 사이도 좋아질 수 있고, 발표도 처음이 어렵지 계속 하다 보면 경험이 쌓여서 더 잘할 수 있거든. 너무 겁먹지 말고 한번 도전해 보자! 선생님은 너를 믿어!"

어린 나이였음에도 불구하고 그 따뜻한 응원의 목소리가 머릿속에서 메아리처럼 울렸어. 누군가의 무한한 신뢰를 받으면 응당 그 신뢰에 보답해야 한다는 생각이 들어서였을까, 나는 조금씩 말하기에 도전했던 것 같아. 그러다 보니 조금씩 상대에게 내 감정도 전할 수 있게 되었고, 많은 사람들 앞에서도 이야기할 수 있게 되었지. 사실 처음에는 말을 잇지 못할까 봐 식은땀도 나고 무슨 말을 해야 할지 기억이 나지 않아서 머릿속이 하얘졌었어. 그럴 때마다 선생님 말씀이 떠올랐어. 말하기에 '정답'은 없다고. 완벽한 말하기에 대한 긴장이 풀리니 소심하고 쭈뼛거리던 내가 변하기 시작했어. 친구들과의 관계도 좋아졌고 수업에 적극적으로 참여하며 발표까지 척척 잘하게 되었지. 그때 알았어. 말하기에 '도전'하고 '연습'하려는 자세가 얼마나 중요한지, 그렇게 해본 경험이 쌓이면 어떠한 성장이 시작되는지.

이 책은 '말하기가 두렵고 서툴렀던 과거의 나'와 같은 너희들에게 '자신감'이란 날개를 달아주기 위해 쓴 책이야. 말을 잘하고 싶다면 가져야 할 마음가짐부터 말하기 전에 따져봐야 할 TPO, 대화할 때 꼭 필요한 경청의 기술, 말하기가 쉬워지는 어휘력까지, 소통을 위한 다양한 노하우를 안내하지. 게다가 친구나 선생님, 부모님과의 관계에서 상대방의 말을 '이해'하는 것보다 그 감정과 생각을 '존중'하는 것의 중요성에 대해서도 조언해 줘. 또 '나'를 잘 아는 것의 중요성도 알려주지. 진정한 소통이란 나의 생각과 감정을 공유하면서 유대감을 형성하는 거니까. 더 나아가 자신을 효과적으로 표현하는 꿀팁도 제시해 줘. 이런 이야기들을 통해 소통의 기술을 배우는 것은 물론이요, 말하기에서 너만의 색깔을 발견할 수 있을 거야.

　이 책을 통해 너희가 자신의 목소리를 찾고, 진정한 소통의 즐거움을 느끼며 성장할 수 있기를 바라. 말하기는 단순한 기술이 아니라, 나를 표현하고, 타인과 연결되며, 삶을 넓혀가는 강력한 힘이니까. 그 첫걸음을 자신 있게 내디뎌보자고.

-권희린

목차

1교시

1장

말하기,
그냥 하는 게 아니야

–

말도 기술이다, 연습해야 는다

═════ 우리는 숨을 쉬듯 말하면서 하루를 보내고 있어. 일상을 잘 떠올려 봐. 아침에 일어나서 부모님과 이야기를 나누고, 학교에 가면서는 친구들을 만나 수다를 떨지. 학교에선 어때? 수업 시간에는 선생님께 질문도 하고, 조별 활동을 통해 모둠 친구들과 의견을 나누기도 해. 왁자지껄 점심 시간, 쉬는 시간, 하교 후에도 우리는 계속해서 주위 사람들과 대화를 나눠. 나아가 입시 면접을 볼 때도 말로 나를 표현해야 하고, 아르바이트를 구할 때도 마찬가지지. 우리는 대화로 관계를 맺고 정보를 공유하거든. 말로 하루를 살고 있다고 해도 과언이 아닐 정도야.

하지만 우리는 종종 말하기의 중요성을 잊곤 해. 말은 의견을 효과적으로 전달하고, 생각이나 감정을 표현하며 관계를 유연하게 만드는 도구인데 말이야. 게다가 말하기를 어려워하고 부담스러워하는 친구들도 많은 것 같아. 어떻게 말을 꺼내야 할지 몰라 우물쭈물했던 기억, 혹은 상황에 맞지 않는 농담을 하거나 분위기를 풀어야겠다는 압박감에 굳이 하지 않아도 되는 얘기를 해서 후회했던 경험 있지 않아? '내가 그때 왜 그런 말을 했지?' 하고 이불킥 한 적 말이야.

　말은 우리의 삶 자체야. 그래서 우리는 어떤 말을 하며 나 자신을 드러낼지, 어떻게 말하며 하루를 보낼지 고민해 보아야 해. 말이라는 건 삶을 살아가며 배우고 익혀야 할 중요한 기술이거든.

혹시 나도 토크 포비아?

2019년부터 3년 넘게 진행된 코로나는 우리의 삶을 '단절'이라는 두 글자로 바꿔놓았어. 학교에 가지 않고 집에서 원격수업 듣던 시기 다들 기억하지? 재택근무를 하신 부모님도 많았고 말이야. 얼굴과 얼굴을 마주 보고 서로 이야기를 나누던 '소통'의 시대에서 한순간에 '단절'의 시대로 자리 잡게 된 거야. "선생님, 직접 화면을 보고 서로 말을 나누기도 했잖아요!"라고 말하는 친구가 있을지도 모르겠지만 그걸 진정한 소통이라고 할 수 있을까? '대화'는 단순히 말을 주고받는 걸 넘어 공간과 상황의 분위기를 읽고, 상대의 표정이나 몸짓, 목소리, 억양 같은 비언어적 요소를 이해하는 과정까지 포함하지. 하지만 화면 너머 상대와의 대화는 미세한 표정 변화를 알기 어렵고 상대가 대화에 집중하지 않으면 어긋나기 쉬워. 결국 깊이 있는 소통보다는 정보 전달에 그치게 되지.

원격이나 화상 대화로는 우리가 생각한 대로 100% 의미를 전달하기가 어렵다 보니, 3년이라는 대면 소통의 공백 기간에 우리는 제대로 대화할 기회를 잃었어. 특히 친구들과 교류하며 말하기를 모델링할 기회까지 사라졌지. 그러다 보니 친구끼리 만나서 어떤 말을 해야 할지, 어떤 주제로 대화를 할지 몰라 고민하는 일이 많아졌다고 해. 원격수업이 끝나고 오랜만에 학교에 갔을 때, 설레기도 하지만 왠지 조금 어색하고 친구랑 대화하기 낯설었던 경험 있지 않아? 여기에 스마트폰 문화가 더해져 '콜 포비아(Call Phobia)'라는 현상도 등장했지.

콜 포비아는 전화를 의미하는 'Call'과 공포증을 뜻하는 'Phobia'의 합성어로 문자나 메신저에 익숙해지면서 전화로 직접 소통하는 걸 불편해하는 현상을 말해. 전화가 오면 자신도 모르게 긴장하거나 통화가 끝나면 엄청 큰일을 치른 것처럼 피로감을 느낀 적 있지? 바로 그 증상을 콜 포비아라고 말하는 거야.

한 구직구인 사이트에서 MZ세대 1,496명을 대상으로 한 설문조사(알바천국, "콜 포비아 겪는 MZ세대")에 따르면 "콜 포비아 증상을 겪는 가장 큰 이유가 무엇인가?"(복수 응답)라는 질문에 사람들은 '생각을 정리할 틈 없이 바로 대답해야 해서'(60%), '생각한 바를 제대로 말하지 못할 것이 걱정돼서'(55.9%)라고 답했대. 말을 하는 것뿐만 아니라 '잘'해야 한다는 강박에 시달린다고 볼 수 있는 거지. 게다가 이런 강박은 콜 포비아를 넘어 누군가와 대화하는 것에 필요 이상으로 긴장하거나 불편함을 느끼는 토크 포비아(Talk Phobia, 대화공포증)로까지 번졌어.

이렇게 많은 사람이 말 때문에 스트레스를 받고, 주변 사람들과 관계를 맺는 데까지 어려움을 겪고 있다니, 말하기를 대하는 우리의 태도가 이제는 달라져야 하는 게 아닐까?

말하기, 타고나는 거 아니에요?

미국의 언어학자 노암 촘스키의 언어 습득 이론(생득주의 이론)에 따르면 인간은 명시적인 교육이 없더라도 언어를 쉽고 빠르게 배울 수 있는 뇌 속의 가상 장치인 '언어 습득 장치(LAD)'를 가지고 태어난다고 해. 이 말은 누구나 선천적으로 언어적 본능이 있기 때문에 직접 노출된 것 이상의 언어 능력을 습득할 수 있다는 이야기야. 우리가 태어나서 따로 배우지 않아도 엄마나 아빠, 맘마 같은 단어를 말하고, 짧은 말에서부터 긴 문장까지 완벽하게 구사하게 되는 것은 바로 이런 언어적 본능 때문이라고 볼 수 있지. 사실 이 이론은 '풍부한 언어 환경'에 아이들을 노출하는 것이 중요하다는 걸 강조하기 위함이었는데, 많은 사람들이 말하기 능력을 마치 '선척적으로 타고나는 재능'으로 오해하는 것 같아.

주위에 항상 자신감이 가득 차 있고, 말하기에 거침이 없고, 무언가를 표현하기 좋아하는 친구들을 보면서 "쟤는 원래부터 말을 잘했어.", "아는 게 많아서 말을 잘하나 봐.", "나는 내성적이라 말하기를 잘 못해!"라고 결론지으며 주눅이 들 때가 많지? 하지만 그건 말을 자주 하기 때문에 더 잘하게 된 것일지도 몰라. '이런 상황에서 이런 말을 하니 반응이 괜찮네?' '내가 그 말 했을 때 분위기가 싸해졌어. 앞으론 하지 말아야지!'처럼 여러 가지 상황을 경험하고 무슨 이야기를 해야 할지, 또는 하지 말아야 할지를 배우고 고민하는 노력을 했기 때문인 거지. 말하기는 언어를 활용하는 환경의 영향을 더 많이 받는다는 이야기야.

이처럼 말하기 능력은 선척적으로 타고 나기보단 후천적으로 학습되는 것이기 때문에 "저는 글렀어요!"라며 포기할 게 아니라, "노력하면 말하기도 잘할 수 있다. 야나두!"라는 마음을 가져야 해.

미래 인재의 필수역량? 말하기!

"말하기를 배운다고요? 앞으로는 로봇이 대신 말해줄 수도 있는데요?"

AI 시대가 다가오면서 들리는 '로봇이 사람들의 의사소통을 대신해 줄 수 있다'는 말은 스마트폰에서 실시간 통화 번역 AI 기능, AI 스피커 기술만 봐도 알 수 있듯 전혀 틀린 건 아니야. 그렇기에 특별히 노력하지 않아도 기본적인 소통이 될 텐데 굳이 말하기를 배워야 한다는 주장이 어색하게 들릴 수도 있어. 하지만 잠깐 '말하기'의 정의를 함께 살펴본다면 생각이 달라질 거야.

> **말하기** [말하기] —————
> ❶ 국어 학습에서, 말하는 사람의 생각이나 느낌, 의견 등을 말로 정확하게 표현하는 일
> ❷ 자기의 의사를 상대편이 알아들을 수 있도록 말로 표현하는 일

말하기란 말하는 사람의 생각이나 느낌, 의견 등을 말로 표현하는 일을 뜻해. 단순히 상황이나 정보를 설명하는 데서 그

치는 것이 아니라 주관적인 감정이 섞여 나오는 거지. AI에게 상황이나 맥락, 상대방의 감정까지 파악해가며 말하길 기대하기는 힘들어. 어떤 상황을 하나의 데이터로 규정하기 어렵고 사람의 감정은 데이터화 할 수 없을 만큼 복잡하거든. AI는 단지 사람을 돕는 서포터일 뿐, 그 결과물을 표현하고 전달하는 건 인간의 고유한 능력이란 걸 잊어선 안 돼.

실제로 실리콘 밸리 기업들도 미래 인재상을 언급할 때 평소 대화를 좋아하고 적절한 어휘를 사용할 줄 아는 사람을 꼽아. 4차 산업혁명 시대에 가장 필요한 직업적 능력으로 '공감과 소통'을 꼽고 있는 거지. 또《국어 잘하는 아이가 이깁니다》라는 책에서도 대학에서 필요한 학생의 기초능력 네 가지를 언급하는데, 그중 하나가 사고와 자료를 종합해 남들이 알아듣게 표현할 수 있는 능력이야. '표현을 잘한다'는 것은 미래 인재로서 손색이 없다는 이야기이기도 하겠지? 자기가 하고 싶은 말을 스스로 인지해 올바르게 전달하고, 자신의 감정을 정확하게 표현하고, 함께 소통하는 상황의 분위기를 파악하는 건 로봇이 대신해 줄 수 없는 영역이니까. 설령 대신해 줄 수 있다고 하더라도 인간만큼 정교하고 완벽하게 해낼 수 없는 능력이니까 '말하기'는 미래 사회에서 꼭 배워야 할 자질인 셈이지.

물론 많은 것들이 디지털화되면서 다른 사람들과의 직접적인 말하기가 필요한 상황 자체가 달라지고 있는 건 사실이야. 키오스크나 배달 어플로 음식을 주문하는 것뿐만 아니라 관공서에 서류를 신청할 때에도 직접 가서 하기보다는 인터넷으로 처리하는 경우가 더 많아졌지. 이렇게 비대면 소통이 많아진 것도 맞고 텍스트 메시지가 일반적인 소통을 이끌어가고 있는 게 시대의 흐름이지만, 어디까지나 기본적인 정보 처리를 온라인으로 하는 방식이 많아졌을 뿐, 말하기 자체가 덜 중요해졌다는 오해는 하지 말기를 바라.

우리 사회는 앞으로 점점 더 개인주의와 비대면의 상황에 직면할 거야. 그 영향으로 말하는 것 자체에 공포를 느끼고 소통하는 것에 불안을 가지는 사람들이 많아질 것이고. 그러면 어떤 사람이 빛날까? 로봇에게 내가 할 말을 시키는 사람? 텍스트 메시지로 내가 하고 싶은 말을 전하는 사람? 다른 사람에게 대신 말해달라고 부탁하는 사람? 아니! 직접 내가 하고 싶은 말을 내가 원하는 의도로 제대로 전달하는 사람이 돋보이게 될 거야.

말만 잘했을 뿐인데

앞서 설명한 것처럼 말하기는 우리가 생각하고 느끼는 것을 다른 사람에게 전하는 방법이야. 그냥 단어를 나열하는 것이 아니라, 마음속의 감정과 생각을 표현하는 소통의 도구지. 친구와의 대화, 가족과의 이야기, 학교에서 하는 발표 등 모든 상황에서 말하기는 중요한 역할을 담당하기 때문에 말하기를 잘하면 좋은 점이 참 많아.

첫째, 말하기를 잘하면 좋은 인상을 얻을 수 있어. 말하기는 그 사람의 이미지를 결정하는 중요한 요소거든. 새 학기에 친구들을 처음 만났을 때를 떠올려 봐. 어떤 친구와 친해지고 싶다는 생각이 들었어? 상대방을 배려하고 생각하면서 상대의 입장에서 따뜻하게 말하는 친구와 친해지고 싶지, 거칠게 말을 하거나 상대를 배려하지 않으며 말하는 사람과는 별로 친해지고 싶지 않잖아. 또 자신 있게 말을 거는 친구나 재미있고 유쾌하게 말하는 친구와 한마디라도 함께 하고 싶어지지 않았니? 적절한 톤과 올바른 말하기 매너를 갖춘다면 자신을 더 매력적으로 보이게 하고 다른 사람에게 자신감 있는 친구, 멋지게 말하는 친구라는 인상을 남기는 데 큰 도움이 되지. 그러니 새 학기 첫날, 친구들이 나에게 다가오지 않는다고 속상해 하기보다는 내가 먼저 가서 말을 걸어보면 어떨까? 물론 말하기 수업을 통해 올바른 말하기 기술을 터득한 다음 말이야.

둘째, 현명한 말하기는 상대방과 좋은 관계를 맺을 수 있도록 도와줘. 갈등이 생겼을 때 문제를 해결하는 데 말하기가 큰 역할을 할 수 있어. 친구와 싸우거나 갈등이 생겼을 때, "직접 가서 서로 마주 보고 대화로 해결해!"라는 말을 굉장히 많이 들었을 거야. 텍스트 메시지가 아닌 말하기가 서로의 입장을 이해하고 오해를 푸는 데 큰 역할을 한다는 거지. 반대로 내가 해야 할 말을 제대로 하지 못하거나 상황에 맞지 않는 말을 하게 된다면 분위기를 망치고 친구들과의 관계를 망치게 돼. 친구들과 좋은 관계를 맺고 싶다면 정말 꼭 알아야 할 기술이 말하기인 셈이지.

셋째, 말하기를 잘하면 네가 원하는 일을 이루는 데 도움이 돼. 수업 시간을 잘 떠올려 봐. 친구들 앞에서 발표해야 할 때도 있고, 팀별 토론을 할 때도 내 의견을 표현하기 위해서는 말하기가 필수잖아. 대학에 입학할 때에도 내가 왜 이 대학에 지원했는지, 왜 이런 진로에 관심을 갖게 되었는지 면접에서 나의 생각을 조리 있게 말해야 해. 그뿐만이 아니지. 나중에 사회에 나가서도 프레젠테이션을 하거나 회사에서 나의 의견을 표현할 때처럼 중요한 순간에 말하기를 잘한다면 내가 원하는 것을 선점하거나 사람들을 설득해 나의 의견을 펼치는 것이 좀 더 쉬워져.

"이 아이패드만 있으면 여러분은 도쿄에서 뉴욕까지 가는 길을 영화처럼 감상하실 수 있습니다." 이 연설은 스티브 잡스(Steve Jobs)가 실제로 아이패드를 소개하면서 사용한 표현이야. 특히 그는 상품을 소개할 때 판매자의 입장에서 기능을 줄줄 나열하는 것이 아니라 스토리텔링을 활용해 사람들이 그 제품을 구매했을 때 어떤 경험을 할 수 있게 되는지 상상하게 했지. 그의 프레젠테이션을 들은 사람들은 아이패드를 단지 제품이라고 생각하지 않았어. 창의적이고 생산적인 경험을 할 수 있도록 돕는 감성적인 도구라는 인식을 가지게 되었지. 오랜 시간이 지난 지금까지도 사람들이 아이패드에 우호적일 수 있는 것도 결국 스티브 잡스의 말 덕분인 거야.

코로나 때 입학한 대학생들이 연애는커녕 일상적인 소통도 어려워한다는 기사를 본 적이 있어. 어느 날 누군가 연구실로 전화를 걸어와 교수님께 다짜고짜 "오늘 수업 못 들어갑니다."라고 하더래. 어떤 수업인지, 본인이 누구인지 밝히지도 않은 채로 말이야. 그래서 "어디세요?"라고 물었더니 "집입니다."라고 대답했대. 보통 이런 맥락에서 '어디세요?'라는 말은 전화 건 사람이 누구냐고 묻는 것인데 말귀를 전혀 알아듣지 못하고 엉뚱한 대답을 한 거야. 게다가 출결 같은 기본적인 학사 문의조차 대학생 본인이 아닌 부모가 대신해 주는 사례도 너무 많대. "학사 관련 문의는 학부모님이 아닌 본인이 직접 해주세요. 스스로의 힘을 믿습니다."라고 공지한 대학도 있을 정도니까. 20년 전 어린이를 대상으로 하는 사교육 광고문구가 "자기의 일은 스스로 하자. 알아서 척척척, 스스로 어린이!"였는데 말이지. 그래도 절망하지 않아도 될 점은 기본적인 말하기 기술이나 방법도 익히고 연습하면 좋아질 수 있다는 거야. 평소 대화가 어려웠거나 좀 더 멋진 말하기 능력을 갖추고 싶은 친구들이라면 앞으로의 내용들을 꼼꼼히 읽어봐 줘!

2장

소통의 시작은
듣기부터

–

내가 먼저 들어야 대화가 시작된다

══════ 의사소통에서 가장 중요한 것은 무엇일까? 아마 대부분의 사람은 '말하기'라고 답할 거야. 친구와의 대화, 발표, 혹은 소통이 필요한 모든 순간에 말하기가 빠지지 않으니까 말하기만큼 중요한 게 없다고 생각하는 거지. 하지만 소통은 이야기를 주고받는 것이기에 일방적인 말하기에는 없는 중요한 요소가 하나 있어. 바로 듣기야. 상대방의 이야기를 듣지 않고서는 상대방이 전하고자 하는 정보나 생각, 감정을 제대로 이해할 수 없으니까. 예를 들어, 친구가 "나 어제 남자 친구랑 싸웠어."라고 말했다고 해봐. 그 말을 그냥 흘려듣고 "아 그래?"라며 넘긴다거나 제대로 듣지 않고 "이거 어때? 지난번에 봐둔 운동화 산 건데 예쁜지 봐줘."라며 눈치 없이 내 말만 한다면 친구가 어떤 어려움을 겪고 있는지 알 수 없을 거야. 친구는 너에게 위로를 요청하고 싶었을지도 모르는데 듣지 않으면 그 신호를 영영 놓쳐버리게 되지. 결국 소통을 위해서는 탈무드의 가르침처럼 말은 적게 하고 다른 사람의 이야기를 두 배로 듣는 게 중요한 셈이야.

국어사전에서도 '듣기'를 이렇게 정의하고 있어.

> **듣기** [듣끼]
> 국어 학습에서, 남의 말을 올바르게 알아듣고 이해하는
> 일. 쓰기, 읽기, 말하기보다 초보적인 것이다.

쓰기, 읽기, 말하기보다 초보적인 것, 선행되어야 하는 것이
바로 듣기라는 거야. 그런데 여기에서 '듣기'는 단순히 소리를
받아들이는 것이 아니라 상대방의 메시지를 이해하는 과정까
지를 포함하는 거야. 그런데 현실은 어때? 말은 많이 하지만,
다른 사람의 이야기를 제대로 듣지 않는 경우가 많잖아. 그게
듣기 싫은 잔소리든 조언이든 친구의 이야기든 말이지.

말하기에서 듣기가 얼마나 중요한지는 내가 어떤 사람과 이
야기를 나누고 싶은지를 생각해 보면 쉽게 알 수 있어. 내가
이야기를 할 때 스마트폰을 만지작거리거나 딴짓을 하는 친
구를 보면 어떤 기분이 들어? 내가 하는 말을 잘 들어주는 친
구와 자기 말만 하는 친구, 너는 누구와 더 이야기하고 싶어?
아마 모든 사람이 자기 말을 잘 들어주는 사람과 이야기하고
싶어 할 거야. 상대방의 말을 귀 기울여 듣는 행동이 결국 대
화의 시작인 거야.

티키타카의 시작은 듣기

우리는 왜 말을 할까? 바로 자신의 생각이나 감정을 상대방에게 표현하기 위해서야. 소통을 통해 상대방과의 관계를 돈독히 한다거나, 나의 목적을 이루기 위함이지. 말하기는 연극의 독백이나 방백처럼 혼자 하는 말이 아니라 그야말로 상호적인 행동인 거야. 그 첫 단계인 듣기를 잘하면 말하기에 어떤 도움이 될까?

첫째, 상대방의 말을 이해하고 맥락이나 의도를 파악해 문제나 갈등을 해결할 수 있어. 상대의 말을 잘 듣지 않으면 그들의 감정이나 요구사항을 놓치게 되어 효과적인 소통이 어려워지거든. 예를 들어, 친구들과 프로젝트를 진행하는 과정에서 발표 PPT에 어느 정도 수정이 필요할 것 같다는 친구의 말을 끝까지 듣지 않고 '내가 기껏 열심히 해뒀는데 왜 고치라고 하는 거지? 기분 나쁘네.'라고 생각하게 된다면 갈등이 일어날 수밖에 없어. 하지만 상대방의 말을 끝까지 잘 듣고 그 친구가 왜 그렇게 생각하게 되었는지, 어떤 부분을 어떻게 고치면 좋겠다고 생각하는지 파악한다면 단지 지적을 하고 싶은 게 아니라 프로젝트를 더 좋게 만들고자 하는 친구와 문제를 함께 해결할 수 있겠지. 특히 어떤 갈등이나 문제가 생겼을 때 다양한 관점을 가진 사람들의 의견이나 생각을 들을 때 더 창의적이고 현실적인 해결책이 나오기도 해. 참고로 사람이 AI보다 뛰어난 능력이 바로 이런 방식의 문제 해결 능력이라고 하거든. 잘 듣는 것만으로도 미래 사회에 필요한 굉장한 능력을 탑재하게 되는 거지.

둘째, 개방적으로 소통하게 되어 더 좋은 관계를 유지할 수 있어. 여기서 개방적인 소통이란 자신의 마음을 드러내고 자신의 생각을 가감 없이 표현하는 것을 말하는데, 내 말을 잘 들어주는 상대에게는 자신이 존중받고 있다고 느껴서 속마음을 잘 드러내거든. 그리고 그런 대화가 지속될수록 깊이 있는 관계로 발전할 수 있지.

엄마와 아들의 대화, 실패 편 ──────────

엄마 : (화가 나서) 왜 학원에 안 갔어? 시험이 코앞인데 학원을 안 가면 어떻게 하니?

아들 : 엄마, 그게…

엄마 : (말을 끊으며) 친구들은 다 학원 갔는데 너만 이렇게 놀고 있으면 어떡해?

아들 : 아니, 엄마. 오늘은 정말 중요한 일이 있었어. 친구들하고…

엄마 : (계속 말하며) 친구들 핑계 대지 마! 너는 왜 그렇게 항상 생각이 없니?

아들 : (조금 더 큰 소리로) 엄마 사실은 중요한 학교 프로젝트가 있는데…

엄마 : (또 다시 끊음) 중요한 거면 미리미리 했어야지!

아들 : (한숨을 쉬며) 엄마, 그게 공지가…

엄마 : (말을 가로채며) 뭘 잘했다고 한숨을 쉬어? 이럴 거면 학원 다 그만둬!

아들 : … 엄마, 내 말 좀…

어디서 많이 보던 광경이라 음성지원이 막 되는 것 같지 않아? 엄마와 아들 사이에 뭔가 오해가 있는 것 같은데 아들은 이 상황을 설명하려고 노력하지만, 엄마는 잘 들으려 하지 않고 엄마가 하고 싶은 말만 해. 이 대화의 끝은 어떻게 될까? 아들은 결국 "엄마랑은 말이 안 통해!"라며 귀를 막고 문을 쾅 닫고 방에 들어가게 될 거야. 엄마와 앞으로 대화 같은 건 하지 않겠다는 다짐을 품으면서 말이야. 이 대화가 파국으로 치닫는 이유는 딱 하나야. 바로 상대방의 이야기를 끝까지 듣지 않았기 때문이지. 아래의 대화처럼 엄마가 아들의 이야기를 끝까지 들어줬더라면, 엄마는 물론 화가 좀 나긴 하겠지만 정확히 서로의 입장을 이해하고 감정을 존중하면서 대화를 마무리할 수 있었을 거야.

엄마와 아들의 대화, 성공 편 ─────────

엄마 : (화가 나서) 왜 학원에 안 갔어? 시험이 코앞인데 학원을 안 가면 어떻게 하니?

아들 : 엄마, 그게…

엄마 : 무슨 일이 있었던 건지 말을 해봐.

아들 : 아니, 엄마. 오늘은 정말 중요한 일이 있었어. 친구들하고…

엄마 : (조용히 들으며) 친구들하고 무슨 일이 있었는데?

아들 : 사실은 중요한 학교 프로젝트가 있는데 오늘 그걸 하기로 했어.

엄마 : 프로젝트 때문에 학원에 못 간 거야? 미리 말해줬으면 좋았을 텐데 왜 말 안 했어?

아들 : 나도 그러고 싶었는데, 공지가 너무 늦게 와서. 엄마한테 말하는 걸 깜빡했어.

엄마 : 친구들과의 프로젝트도 중요하다는 거 알고 있으니 이번에는 이해할게. 하지만 다음에 이런 일이 또 생기면 늦더라도 엄마한테 미리 꼭 말해줘.

아들 : 엄마, 다음부터는 꼭 말할게요. 죄송해요.

아들은 자신의 말이 존중받는다는 느낌이 드니 다음번에도 엄마와의 대화를 피하지 않고 자신의 감정을 솔직하게 털어놓을 거야. 잘 듣는다는 것 하나로 관계의 선순환이 유도되는 거지. 하지만 처음 대화의 엄마처럼 상대방의 말을 제대로 듣지도 않고 지레짐작으로 판단하고 비난하는데 말의 초점이 맞춰져 있다면 상대방에게 신뢰를 잃기 때문에 지금뿐 아니라 앞으로의 대화도 어려워질 수 있어. 듣기는 관계에도 큰 영향을 미친다고 볼 수 있는 거지.

마지막으로 잘 들으면 너희들이 완벽한 말하기라고 칭하는 '티키타카'가 완벽하게 이루어질 수 있어. 티키타카(tiqui-taca)는 스페인어로 탁구공이 왔다 갔다 하는 모습을 뜻하는 말인데 짧은 패스를 빠르게 주고받는 축구 경기 전술을 말하기도 하지. 최근에는 사람들 사이에 잘 맞아 빠르게 주고받는 대화를 의미하기도 하는데 너희들 사이에서는 대화가 통한다는 의미로 더 많이 사용하고 있더라. 그런데 이 티키타카에는 무엇보다 '잘 듣는 것'이 전제되어 있어. 상대방의 말에 즉각적으로 반응하고 공감하기 위해서는 대화를 정확하게 듣는 것은 물론이요, '지금 애가 나에게 왜 이런 말을 하지?' 같은 집중력이 담보되어야 하니까. 친구가 "어제 영화 어땠어? 재밌었어?"라고 물었을 때 '어제' '영화' 같은 단어를 집중하고 들어야 어제의 상황과 감정을 떠올리며 "나 F인 거 알지? 완전 감동적이어서 계속 울었잖아!"라고 답할 수 있거든. 만약 내가 "휴, 수학 너무 어려워서 진짜 다 포기하고 싶어."라고 말했는데 상대방이 '포기하고 싶다'는 내용은 흘려듣고 대뜸 "이번 수학 시험 쉬운 편 아니었어?"라고 말한다면 어떨까? 나의 감정에 공감하고 있지 않다는 생각이 들어서 기분이 나빠지고 '쟤랑은 대화가 안 통해!'라고 생각하게 되겠지. 티키타카는 단순히 말을 주고받는 것을 떠나서 정확하게 의도를 이해하고 반응하는 것까지를 포함하는데, 그러기 위해서는 무척 집중해서 상대방의 말을 들어야 하는 거야. 우리가 영어 듣기 평가 시험을 치를 때처럼 말이야.

사람들은 자기중심적인 면을 어느 정도 가지고 있기 때문에 듣는 것보다 말하는 것을 훨씬 좋아하고 누군가가 자신의 이야기를 들어줬으면 하는 생각을 기본적으로 가지고 있어. 그러니 잘 들어주는 능력을 가지고 있다면 어디에서든 환영받을 수 있고 친구들의 관계에서 강력한 강점으로 작용할 수 있겠지?

스피치 학원 말고 듣기 학원

'엄마표 영어'라는 커리큘럼을 따라한답시고 사이트에 가입해 다양한 영어 공부 성공 사례들을 정독한 적이 있었어. 외국인만 만나면 괜히 식은땀을 흘렸던 나였기에 내 아이는 외국인 앞에서 작아지지 않았으면 하는 작은 바람이 있었거든. 이런 커리큘럼으로 꾸준히 하면 원어민처럼 스피킹을 할 수 있다고 해서 그 방법을 따라 하려고 보니까 웬걸, 스피킹 이전에 리스닝부터 하라는 거야. 아니, 외국어를 조잘조잘 떠들었으면 좋겠어서 비싼 연회비를 내고 사이트에 가입했는데, 몇 년간은 말은 안 해도 되고 듣기만 시키라니 왠지 사기당한 기분이 드는 거야. 그런데 이 말을 들으니 생각이 달라지더라. 아기가 엄마라는 말을 시작하는 게 보통 돌 전후인데, 이때까지의 시간을 계산해 보면 매일 8시간씩 365일, 약 3000시간이거든. 아기들은 이 시간을 온전히 듣기만 한 거야. 그러니 외국어를 공부할 때에도 그 시간만큼 듣기에 투자하면 말문이 트인다는 논리였지. 그리고 어느 정도 소리가 들리기 시작할 때 오디오를 들으며 책의 글자를 눈으로 따라 읽으면 어느 순간 자연스럽게 말하게 된다는 거야. 이 방법으로 꾸준히 집에서 아이에게 영어 음원을 노출해준 부모들은 시간이 걸리기는 했지만 결국 성공한 경험을 이야기하며 그들의 주장에 신빙성을 더했어. 이 사례를 보면서 언어를 막론하고 말을 하기 위해서는 우선 많은 양의 정보를 들어야 하고, 효과적으로 말하려면 잘 들어야 한다는 말하기의 기본 명제를 그대로 가지고 있다는 생각이 들었어. 결국 우리가 말을 잘하고 싶다면 듣는 연습부터 시작해야 하는 거야.

　요즘 말을 잘하고 싶어 하는 사람들이 굉장히 많아. 말을 잘해야 하는 순간들이 많거든. 그래서 어릴 때 웅변 학원도 가고 어른이 되어서도 스피치 강의를 들어. 심지어는 관련 책들도 출간될 때마다 많은 인기를 끌고 있지. 하지만 '다른 사람 말을 잘 들어주고 싶은데 잘 안 돼요!'라든지, '다른 사람 말을 잘 듣는 방법이 있나요?'와 같은 질문을 하는 사람을 본 적이 없어. 잘 듣는 것과 관련된 출판물도 찾기가 힘들지. '스피치 강의'는 들으려고 하지만 '듣기 강의'가 나온다면 어떤 반응일까? '그냥 들으면 되는데 무슨 강의?', '남의 말 듣는 데 방법이 필요한가?'라고 생각하지 않을까? 하지만 내가 말하기에 자신이 없고 말을 좀 더 잘하고 싶다면 잘 듣기가 먼저야. 말 잘하는 사람이 잘 듣는 게 아니라 잘 듣는 사람이 말을 잘할 수 있는 거니까.

"너 T야?" "넌 F야?" 성향별 듣기법

한 예능프로그램에 방송작가가 나와 이름만 대면 알만한, 4대 천왕 PD들과 모두 일을 해봤다고 하자 그 PD들의 특징이 뭐냐고 진행자가 물었어. 그러자 방송작가는 이렇게 대답했지.

"회의를 하거나 의견 충돌이 있을 때 그걸 계속 듣고 있기가 쉽지 않거든요. 근데 그분들은 끝까지 집중력을 잃지 않으세요(진짜로 다 들어요)."

남의 말을 잘 듣는 게 중요하다는 것은 초등학생도 알고 있지만 실제로는 쉽지 않은 일이야. 상대방의 이야기가 다 끝날 때까지 기다려야 하고, 이야기가 길어지다 보면 잡생각이 들기도 하는데 집중해야 하잖아. 특히 듣기는 기본적으로 '이해와 공감'을 상대방에게 요구하는 행위인데 입장이 달라 들어주고 싶지 않거나 그 말을 존중하고 싶지 않을 수도 있어. 그렇기 때문에 말하는 사람의 성향에 따라 듣기에도 어느 정도의 센스가 필요하다는 말씀! 하지만 말하는 사람의 성향이 너무 제각각이잖아. 그래서 가장 대표적으로 사람의 성향을 파악하는 MBTI에서 F와 T로 나누어 설명해 줄게.

F의 성향의 사람들은 감정적 공감이 뛰어난 사람이야. 상대방의 감정을 깊이 이해하고 그에 따라 반응하려고 해. 그렇기

때문에 F 성향의 친구가 나에게 어떤 말을 털어놓는다면 그 이야기를 듣고 감정을 함께 나누면서 너의 감정에 공감하고 있다는 것을 보여주면 좋아. 특히 가까이 다가가 앉는다든지 몸을 말하는 친구 쪽으로 기울이면서 듣는 태도를 보여주는 것만으로도 상대는 신이 날 거야. 이들은 감정에 공감하는 순간을 단순한 대화 이상의 의미로 해석해. 신뢰를 쌓아가고 깊이 있는 관계를 형성하는 과정이라고 생각하지.

T의 경우는 어떨까? T 성향의 사람들은 논리적 공감을 좋아해. 상대방의 감정을 이해하려고 노력하지만 주로 그 감정이 발생한 이유와 맥락을 분석하고 해결책을 제시하고 싶어하지. 그렇기 때문에 근사한 말을 보태지 않아도 되고 대신에 대화를 들을 때에도 중요한 포인트를 머릿속으로 정리하면서 그 문제에 대한 해결책을 제시하거나 논리적으로 공감하면 좋아.

간혹 F와 T의 공감 능력을 비하하는 신조어가 눈에 띄기도 하던데 두 경우는 모두 공감력이 없는 것이 아니라 F의 경우는 정서적 공감이 강하고 T의 경우는 인지적 공감이 강하다고 생각하면 좋을 것 같아. 서로의 성향의 차이를 우열로 나눌 필요는 없고, 대신 F와 T의 성향이 다름을 이해하고 있으면 친구의 성향에 따라 좀 더 효과적인 듣기로 관계를 이어나갈 수 있을 거야.

　상대와 대화를 할 때 가장 기본이 되는 자세, 듣기. '곁에서 이야기를 들어주기만 해도 이성에게 호감을 살 수 있다'는 소설가 무라카미 하루키의 말처럼 이야기를 잘 들어주기만 해도 상대는 '이 사람과는 말이 잘 통해.', '대화하기 편해.'라고 느끼니까 이제부턴 진정한 소통을 위해 주변 사람들의 말에 귀 기울여 보는 게 어떨까? 어찌 보면 사소하고 작은 노력이지만, 그 작은 노력이 너를 지금과는 전혀 다른 느낌의 대화 속으로 끌어들일지도 모르니까.

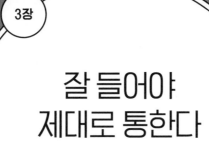

3장

잘 들어야
제대로 통한다

–

마음을 여는 경청의 힘

===== 듣기가 상대방의 말을 이해하고 공감하기 위한 첫 걸음이라면 경청(傾聽)은 그 과정을 심화시키는 기술이야. 어쩌면 말하기의 첫 번째 스킬이라 할 수 있지. 경청은 상대의 말을 잘 듣고, 그가 전달하고자 하는 메시지를 이해하고, 그 기저에 깔린 동기나 정서를 헤아리는 것을 말해. 여기에 더해 자신이 이해한 바를 토대로 상대방에게 피드백해주는 것까지가 포함되지. 즉 경청은 그저 형식적으로 듣고 입으로 '와'하면서 박수를 치는 게 아니라 상대방과의 원활한 대화를 위해 남의 말에 귀 기울여 들으면서 상대방의 생각을 진심으로 존중하며 공감하는 것을 말하지.

이 단어는 기울 경(傾)과 들을 청(聽) 두 글자로 이루어져 있어. 기울어질 경(傾)은 사람 인(人)과 기울 경(頃)으로 이루어져 있는데, 상대방에게 몸을 기울인 모습을 의미해. 그리고 들을 청(聽)은 귀(耳), 임금 왕(王), 열 십(十), 눈 목(目),

하나 일(一), 마음 심(心)으로 이루어져 있는데, 임금의 귀가
듣는 것처럼 많은 이야기를 열 개의 눈으로 바라보고 하나의
마음(진심)을 다하는 것을 의미하지. 한마디로 상대에게 몸을
기울여 귀와 눈을 열고 온 마음을 다해 듣는 것을 말하는 거야.

내 말 잘 듣고 있어? 경청 자가진단

공자(孔子)는 '말을 배우는 데 2년이 걸리고, 침묵을 배우는
데는 60년(耳順, 이순)이 걸린다'고 했어. 그만큼 듣는 것이 어
렵다는 말이겠지. 경청은 단순히 소리를 듣는 것이 아니라 상
대방의 감정과 생각을 이해하고 그들의 이야기에 깊이 몰입
하는 과정이야. 경청이 잘 이루어질 때 우리는 더 나은 대화로
관계를 형성할 수 있고 갈등을 줄일 수 있지. 이 자가진단표는
너희들의 경청 능력을 점검하고 이를 개선하기 위한 자료야.
경청의 태도로 필요한 목록을 확인하고, 나는 어떻게 행동하
고 있는지 점검해 봐. 1점은 '전혀 그렇지 않다'이고 5점은 '매
우 그렇다'로 평가하면 돼.

번호	경청의 태도와 상황	1점	2점	3점	4점	5점
1	친구가 이야기할 때, 눈을 맞추고 있다	☐	☐	☐	☐	☐
2	상대방의 말을 듣는 동안 핸드폰을 사용하지 않는다	☐	☐	☐	☐	☐
3	다음에 무슨 말을 하지? 할 말의 순서를 짜지 않는다	☐	☐	☐	☐	☐
4	상대방의 말에 반응(끄덕임, 미소 등)을 보인다	☐	☐	☐	☐	☐
5	대화가 끝난 후, 상대방의 말을 기억하고 있다	☐	☐	☐	☐	☐
6	대화 도중, 화제를 급 전환하지 않는다	☐	☐	☐	☐	☐
7	아~ 그래? 영혼 없는 대답과 공감을 하지 않는다	☐	☐	☐	☐	☐
8	상대방의 말 도중에 끼어들지 않는다	☐	☐	☐	☐	☐
9	대화 중 상대방의 감정을 이해하려고 노력한다	☐	☐	☐	☐	☐
10	상대방의 이야기를 듣고 피드백을 주거나 질문한다	☐	☐	☐	☐	☐

결과 해석

점수	듣기 능력의 객관적 평가
10~20점	경청 능력이 부족한 편이야. 이렇게 친구들의 이야기를 들으면 영혼 없는 반응이라며 친구들에게 오해를 살 수 있고 상대방은 자신이 존중받지 못한다고 느낄 수 있어. 상대방의 눈을 바라보고 말을 끝까지 들으려고 노력해 봐.
21~30점	경청 능력이 다소 부족한 편이야. 대화 중 다른 생각을 한 적이 있지 않아? 혹은 상대방이 말하고 있는데 내가 하고 싶은 말을 한 적은? 경청의 중요성에 대해 인식하고 의식적으로 연습이 필요해.
31~40점	경청을 잘하고 있지만 몇 가지 개선할 점이 보여. 상대방의 말을 듣는 데 기본적인 태도는 갖추고 있지만 가끔씩 주의가 분산되거나 상대방의 말을 충분히 이해하지 못할 수도 있어. 상대방의 말에 좀 더 집중하기 위한 나만의 방법을 생각하면서 지금의 경청 습관을 유지할 수 있도록 노력한다면 친구들과의 관계가 더욱 좋아질 거야.
41~50점	경청을 무척 잘하고 있어. 상대방의 이야기를 잘 이해하고 대화에서 타인의 감정과 의도를 존중하는 태도를 가지고 있어. 이러한 능력은 대인관계와 사회적 상호작용에 긍정적 영향을 끼치고 갈등을 줄이는 데에도 도움이 될 거야.

상황들을 살펴보니 어때? 경청은 '친구가 말할 때 눈 쳐다 보기', '핸드폰 보지 않기', '상대방의 말이 끝날 때까지 끼어들지 않기' 등 뭔가 큰 기술이나 방법이 필요한 게 아니라 우리

가 일상에서 조금만 주의를 기울이면 가능한 것들이야. 우리 일상의 태도를 의식적으로 돌아본다면 듣기 연습은 생각보다 쉬울 수도 있어. 특히 엉뚱한 대답을 하는 것은 평소에 남의 말을 잘 듣지 않는다는 증거이니까 조심하자. 경청은 평소에 길러지는 습관이니까 이 상황들을 머릿속으로 꼭 기억해 두고, 친구와 대화할 때 실천해 보았으면 좋겠어.

유재석이 국민 MC가 될 수 있었던 이유

'경청'하면 떠오르는 아이콘의 연예인이 있어. 바로 국민 MC로 유명한 유재석이야. 그는 꽤 오랜 시간 예능프로그램의 진행자로 인기를 끌고 있는데 특히 유퀴즈라는 프로그램에서 긴 촬영 시간에도 불구하고 계속해서 바른 자세로 상대방과 대화를 이어가는 모습이 인상적이라는 평이 많아. 출연자를 향해 몸을 돌려 앉아 이야기를 들으며 공감하는 표정과 시선, 이 모습을 보면 누구라도 상대방의 이야기를 경청하고 있구나! 하고 느낄 수밖에 없으니까. 다른 사람의 말을 경청하는 게 몸에 배어있기 때문에 출연자들은 자기의 이야기를 편안하게 털어놓게 돼. 게다가 경청을 하다 보면 다른 인터뷰나 대화에선 다뤄지지 않은 그 사람의 진솔한 생각이나 경험들에 대해 질문을 할 수 있게 되지. 그래서인지 그가 진행하는 방송은 자칫 진부하게 느낄 수 있는 프로그램도 늘 새롭고 신선하게 느껴지는 것 같아. 상대방으로 하여금 더 신나게 말을 하게 만드는 마법, 그게 바로 경청일 거야.

이청득심(以聽得心)이라는 말이 있어.《논어(論語)》〈위정편(爲政篇)〉에 나오는 사자성어인데 '귀 기울여 경청하는 일은 사람의 마음을 얻는 최고의 지혜'라는 뜻이야. 이 사자성어는 노(魯)나라 임금의 바닷새 이야기에서 유래되었어. 춘추시대 노나라 왕이 바닷새를 궁(宮) 안으로 데려와 술과 산해진미를 권했어. 악사와 무희까지 동원해 풍악을 울리고 춤을 추게 했지. 바닷새를 융숭하게 대접한 거야. 하지만 바닷새는 아무것도 먹지 않고 사흘 만에 죽었어. 바닷새는 바다에서 사는 동물이라 궁궐의 화려한 술과 음식이 오히려 스트레스가 되었던 거야. 바닷새의 습성을 이해하지 못한 왕의 행동이 결국 바닷새를 죽음으로 몰아간 거지. 바닷새가 어떤 음식을 좋아하는지, 왜 아무것도 먹지 않는지 묻고 바닷새의 이야기를 들었더라면 결과는 아마 달라졌을 거야. 아무리 나한테 좋은 것이라고 하더라도 상대방의 입장을 배려하지 않는다면 상대의 마음을 얻을 수 없다는 것을 비유적으로 표현한 거지. 상대방의 이야기나 심정을 왜 경청해야 하는지도.

많은 전문가들도 리더의 필수 덕목으로 경청을 이야기해. 미래학자인 톰 피터스(Tom Peters)는 "20세기가 말하는 자의 시대였다면, 21세기는 경청하는 리더의 시대가 될 것이다."라고 했어. 또한 스티븐 코비(Stephen R. Covey)는 《성공하는 사람들의 7가지 습관》에서 "성공하는 사람과 그렇지 못한 사람의 대화 습관엔 뚜렷한 차이가 있다. 그 차이를 단 하나만 들라고 한다면, 나는 주저 없이 '경청하는 습관'을 들 것이다."라고 말했지. 스티브 잡스가 자신을 CEO(Chief Executive Officer)가 아닌, CLO(Chief Listening Officer)라 불러 달라고 제안한 것만 봐도 알 수 있겠지? 리더십은 소통이며 경청은 바로 이 소통의 필수 조건이라는 것을.

"들어주면 풀려요." 경청의 나비효과

"내가 말이 너무 많았죠? 너무 힘들어서… 어디 하소연할 데도 없고. 독고 씨가 들어줘서 좀 풀린 거 같아요. 고마워요."
"그거예요."
"뭐가요?"
"들어주면 풀려요."
선숙은 눈을 똥그랗게 뜨고 자기 앞에 선 사내의 말을 경청

했다.

"아들 말도 들어줘요. 그러면… 풀릴 거예요. 조금이라도."

-《불편한 편의점》 중에서

서울역에서 노숙자 생활을 하던 독고가 편의점에서 여러 사람을 만나며 그들의 삶에 크고 작은 변화를 불러온 이야기를 전하는《불편한 편의점》의 한 장면이야. 어느 날 오 여사(선숙)는 게임만 하며 집 밖으로 나오지 않는 자신의 아들이 사회에서 이탈한 패배자라는 생각이 들어 편의점에 주저앉아 울고 있었어. 그런데 이 이야기를 들은 독고는 오 여사에게 아들의 말을 들어주라는 조언을 건네. 어떤 고민과 곤란함으로 세상이 깔아놓은 궤도에서 이탈했는지 그 이유를 알려달라는 편지를 쓰라고 말이야. 일단 들어줘야 상대방의 마음을 알 수 있고, 상대의 마음을 움직일 수도 있으니까. 그제야 오 여사는 자신이 아들의 말을 제대로 들어준 적이 없었다는 것을 알게 돼. 자신의 입장으로만 세상을 바라보고 아들에게 발언 기회도 제대로 주지 않은 채 일방적으로 대했다는 것을 깨닫게 된 거지. 독고는 자신의 시각으로만 세상을 바라보고 자기 이야기만 하느라 바쁜 사람들 사이에서 상대방의 말을 진심으로 들어줬어. 그랬기에 오 여사를 비롯해 사람들은 독고에게 자신의 마음을 솔직하게 털어놓았고 독고는 그들에게 필요한 이야기를 전할 수 있었어. 단지 그들의 이야기를 온전히 들어주었을 뿐인데 편의점 사람들은 모두 깨달음을 얻고 새로운 삶을 살게 되지.

이렇게 경청은 나비효과를 가져와. 개인과 가정, 사회로까지 신비한 힘을 발휘하며 긍정적 에너지를 펼쳐나가게 하지. 비주류에 가까웠던 사람들이 가족이나 사회 혹은 자기 자신과 화해를 해나갈 수 있도록 해. 독고가 편의점에서 만난 사람들에게 했던 것처럼, 경청은 그 사람의 '때'에 그 사람의 '방식'으로 들어주는 것을 의미해. 경청이 중요한 것은 바로 이렇게 다른 사람의 말을 들어주면서 당신을 온전히 이해하고 있다는 마음을 전하기 때문이야. 그렇게 되면 상대방의 마음이 열리고 그 진심이 닿으면서 따뜻한 영향력이 전달되고 행동의 변화가 일어나지. 나와 연결된 사람들에게 너를 온전히 이해한다는 마음을 전하고 긍정적인 영향력을 전파하는 것은 어마어마한 곳에서부터 시작되는 게 아니야. 지극히 사소한 순간에 진심으로 사람을 대하는 것, 경청으로부터 시작되는 거야.

프로 경청러에게는 (   )이 있다

경청이 이렇게 좋은 방법이라면 어떻게 하면 좋을까? 프로 경청러가 되기 위해선 어떤 자질이 필요할까?

첫 번째는 호기심이야. 이 호기심은 단순한 질문이 아니라 상대방의 이야기에 대한 깊은 관심과 존중을 의미해.

"나 이번에 미술 시작하기로 했어. 그림을 한 장씩 그리고 있는데 너무 재밌는 거 있지?"

"우와, 진짜 멋지다. 어떤 분야의 미술인지 물어봐도 돼? 그린 그림 좀 보여줘. 너무 궁금해!"

이렇게 상대방의 말에 호기심을 가지고 다시 질문을 하면 상대방이 자신의 말을 잘 듣고 있다는 존중감을 느끼게 돼. 그리고 자신의 미술 경험에 대한 더 많은 이야기를 하게 되지. 그러면 우리는 상대방과 관련된 질문을 더 많이 던질 수 있고 더 깊이 있고 재미있는 대화를 이끌어낼 수 있어. 어린 아이들이 질문을 정말 많이 하잖아. "이건 뭐예요? 저거는요? 왜요? 어떻게 하는 건데요?" 어린이처럼 질문을 끊임없이 쏟아내며 상대방의 말에 호기심을 가지면 대화는 풍부해지고 상대를 잘 이해할 수 있지.

두 번째는 리액션이야. 리액션은 상대방의 이야기에 대한 반응을 의미하는데, 리액션이 잘 이루어지는 대화는 서로의 감정을 공유하는 데 큰 역할을 해. 여기에서 중요한 것은 말한 '내용'이 아니라 '감정'에 반응한다는 거야. 상대가 즐겁게 이야기하면 즐겁게 듣고 고민을 털어놓으며 슬프고 힘들어 보인다면 함께 그 마음을 헤아려보는 것이지. 간혹 '영혼 없는 리액션'이라는 말을 하기도 하는데, 이런 경우는 감정은 지우고 내용에만 반응할 때를 의미하지. 웃는 소리나 박수도 상대방의 감정에 공감한다는 걸 보여주는 리액션으로, 내가 상대의 이야기를 경청하고 있다고 생각을 할 수 있게 돕는 감초 역할을 해.

마지막으로 진심이야. 진심은 우러나오는 거라는 말 들어본 적 있지 않아? 진심은 내면 깊숙한 곳에서 우러나오는 마음이자 상대방의 이야기와 상황에 정말로 관심을 가지고 있고, 함께 이야기하는 순간을 소중히 여기는 태도야. 아무리 상대방에게 질문을 하고 리액션을 잘해줘도 왜인지 소통이 어렵게 느껴진다면, 나의 행동에서 진심이 느껴지지 않기 때문일 수있어. 우리는 생각보다 직감이 발달해서 상대방이 진심이 아닌지 느낄 수 있거든.

초보 경청러를 위한 경청의 세 가지 기술

여전히 경청이 어렵게만 느껴진다면 아래 세 가지를 기억해 봐.

첫째, 판단은 금물! 우리는 상대방의 이야기를 들을 때, 자신도 모르게 원인이 무엇인지, 어떻게 하면 해결할 수 있는지 자신의 관점에서 '판단'하거나 '평가'하려고 해. 그런데 이런 식으로 대화에 접근하게 되면 상대방을 온전히 이해하기가 힘들어. 게다가 상대방은 말하는 모든 것들이 평가의 대상이 될까 봐 편안하게 자신의 감정을 표현할 수 없지. 그러니까 비판단적인 자세를 갖고 상대방의 말을 들어야 하는 거야.

둘째, 섣부른 조언은 넣어두기! 상대방이 고민을 이야기하거나 문제를 이야기하면 우리는 해결책을 제시하면서 친구를 도와주고 싶은 마음이 들지만, 사실 중요한 건 그저 담백하게 이야기를 잘 들어주는 거야. 친구가 "나 요즘 친구들과의 관계가 어렵고 힘들어."라고 이야기하면 "그냥 걔네한테 솔직하게 말해봐!"라고 조언하기보다는 "그런 일이 있었구나. 정말 힘들었겠다."라고 반응하는 거야. 사람들은 내게 해결책을 알려주는 사람이 아니라 나의 말을 진심으로 잘 들어주는 사람과 친해지고 싶고 그 사람에게 자신도 모르게 자신의 속 이야기를 술술 꺼내게 돼. 교실에서 말을 많이 하지도 않는데 친구들 사이에서 '핵인싸'인 친구들을 잘 살펴봐. 대부분 상대의 이야기에 귀 기울이고 딱 필요한 이야기만 짧고 굵게 하는 경우가 많아. 인싸라고 해서 다 뛰어난 언변을 가지고 많이 말하는 건 아니거든. 그러니 그저 들어주는 것만으로도 친구들은 너를 좋아하고 너와 말하고 싶어 할 거야.

셋째, 노래 듣기! "선생님, 저도 경청을 하고 싶은데 잘 안 돼요! 자꾸 집중력이 떨어지고 상대방 말이 귀에 잘 안 들어와요. 어떻게 연습하면 좋을까요?" 이렇게 말하는 친구들도 있던데, 우리 일상 속에서 경청을 아주 쉽게 연습할 수 있는 방법이 있어. 바로 '노래 듣기'야. 노래를 듣는 것으로 어떻게 경청을 연습하냐고?

친구와 함께 좋아하는 밴드의 노래를 듣고 있는데 조용히 노래를 감상하던 친구가 말했어. "이 노래 너무 슬프지 않아?" 순간 나는 친구를 이상하게 쳐다봤어. 밴드 음악이어서 그랬는지 모르겠지만 슬픈 발라드라기보다는 신나는 댄스 음악에 가까웠거든. 그래서 "뭐가 슬퍼? 제목도 Congratulations인데!!" 라면서 가사를 훑어보았어.

어때 그 남잔 나보다 더 나?

그 사람이 내 기억 다 지워줬나 봐?

그래 너가 행복하면 됐지

라는 거짓말은 안 할게

대체 내가 왜 날 떠난 너한테

행복을 바래야 돼 절대

I don't give a 아

-Day6 〈Congratulations〉 중

노래의 가사를 집중해 들었더니 다른 사람이 생겨버린 연인에게 전하는 마지막 말들을 담아낸 노래인 거야. 그렇게 노래의 가사를 집중해서 듣기 시작하니까 그 상황이나 가수의 감정이 그대로 전달되더라. 상대방의 말(노랫말, 가사)을 통해 그 상황을 파악하고 말하는 이의 감정을 이해하는 것, 바로 이게 경청이잖아. 그러니까 평소에 노래를 들을 때 그냥 '신나네', '슬프네' 소리로만 흘려들을 게 아니라 가사에 귀를 쫑긋 세우고 노래를 듣는 연습을 해보는 거야. 그러면 매일 아주 자주 경청을 연습해 볼 수 있으니까.

경청하는 사람에게는 ⬚⬚⬚⬚⬚⬚⬚ 이 있다

네가 생각하는 경청하는 사람의 자질에 대해 위의 빈칸을 한번 채워봐. 그리고 그것들을 실천하기 위해 노력해 보자. 적어도 오늘 하루는 '입'을 닫고 '귀'를 열어보는 거야. 열심히 말할 때보다 훨씬 깊이 있고 풍성한 대화가 될 수 있을 거야. 아무것도 하지 않고 그저 듣기만 했는데도 불구하고 친구들 사이에서 인기 경청러가 되는 것도 시간 문제일 거야!

아싸는 모르는 인싸의 말비책 ①

선을 지키는 공감력

인싸는 인사이더(Insider)의 줄임말로, 특정 그룹이나 사회적 모임에서 활발하게 활동하며 인기를 얻는 사람을 가리켜. 생겨난 지가 10년도 넘은 신조어지. 보통 신조어들은 금세 그 언어의 효용이 떨어지면 사라지기 마련이거든? 그런데 신기하게 이 단어만은 아직도 학생들과 사회에서, 또 소셜미디어와 대중문화의 플랫폼에서도 지속적인 생명력을 가지며 계속 사용되고 있지. 그 말은 곧, 인싸가 사회 문화적 흐름 속에서 아직도 굳건히 정체성을 가지고 있다는 말이기도 해. 잘 논다고 인싸, 못 논다고 아싸인 건 아닌데, 인싸와 아싸는 뭐가 다를까? 앞으로 쉬는 시간마다 인싸들의 말비책을 하나씩 공개해 볼까 해. 물론 아싸와 인싸에 우열은 없다는 걸 꼭 기억해 줘!

#1

친구1: 야, 이번에 〈위키드〉 상영 시작했더라. 나 용산 아이맥스에서 봤는데 엄청 재밌었어.

인싸: 너도 봤구나! 와, 진짜 보면서 이게 되나 싶은 연기에, 영상미까지 완전 좋았어. 뮤지컬 영화가 할 수 있는 게 다 들어있더라. 편곡도 과하거나 부족하지 않았고 플롯이나 각본이 잘 짜인 웰메이드 영화 같아. part2까지 어떻게 기다리지?

친구2: 했던 말 또 하고 또 하고 또 하고. 오프닝 때만 잠깐 흥미로웠는데, 초반 파트 지나갈 때쯤부터 서사가 비더라. 스토리도 너무 진부해서 보는 내내 지루하던데? 넘버들도 기억에 남는 게 없고. 후기들은 뮤지컬 후광 때문이라는 생각도 들던데? 번역도 너무 아쉬워.

친구 간의 대화라는 게 뭘까? 서론 본론 결론 말하고 질문하고 답하는 토론이 아니라 서로의 생각과 감정을 나누는 과정이라는 거야. 단순한 정보 교환이 아니라 서로를 이해하고 관계를 깊게 만드는 것이라고. 그런데 위의 대화를 보면 어때? 친구1이 영화가 재미있었다고 말했을 때, 인싸 친구는 그 대화의 흐름을 포착하여 상대방의 말에 공감해주고 상대방의 감정을 존중해 주고 있거든. 그런데 친구2의 경우는 상대방의 감정이나 반응을 살피기 이전에 그저 팩트에만 집착하며 분석한 나머지 상대방의 기분을 망쳤지. 친구들끼리의 대화의 핵심은 옳고 그른 말을 하는 것이 아니라 상대방의 감정에 공감하는 거야. 친구가 먼저 새로 상영하기 시작한 영화에 대한 이야기를 꺼낸 것은 아마도 그 영화에 대해 서로 재미있게 이야기를 나누고 싶어서였을 거야. 인싸 친구는 그런 친구1의 마음을 읽었고, 그것과 관련된 자기의 생각을 드러냈어. 그러니 친구1 입장에서는 자신이 말한 것들을 공감하고 있다고 생각해서 기분이 좋았을 거야. 그런데 친구2의 경우는 어때? 감정에 대해 의견으로 답하고 있어. 아마 이 영화와 관련된 이야기는 계속 말이 이어지지 못했을 거야.

그러면 공감은 어떻게 하는 걸까? 이미 앞에서 읽었으니 다들 알고 있지? 맞아. 경청부터 시작해야해. 상대방의 말을 잘 들어줘야 관심을 표현하는 말과 행동을 할 수 있을 테니까. 들은 내용과 관련된 이야기를 이어서 하거나 친구가 좀 더 이야기를 꺼낼 수 있도록 되묻는 게 경청의 후속 단계로 딱이겠지? 질문 하나로 공감력을 높일 수 있고 말이야.

2교시

4장

말하기 전에
꼭 갖춰야 할
기본 자세

–

말에는 진심이 묻어 있다

══════ 말하기는 우리의 인격과 가치관을 반영하는 중요한 요소야. 말은 나 자신을 드러내는 거울과도 같아서 내가 어떤 사람인지, 어떤 생각을 가지고 있는지 상대방에게 보여주지. 게다가 세 살 버릇 여든까지 간다고, 자신의 정체성을 형성하고 사회와 관계를 맺어가는 청소년기에 익힌 말하기 태도와 자세가 이후 아주 오랫동안 나의 행동과 생활에 영향을 준다는 거야. 그렇기에 우리가 사용하는 말투, 단어를 잘 살펴봐야 하고 말하기 전에 내가 어떤 태도와 자세로 말하고 있는가를 확인해 보아야겠지?

결국 기억에 남는 건 '태도와 자세'

맛 하나는 최고라고 평가받는 재야의 고수들이 대한민국 최고의 스타 셰프와 함께 요리 서바이벌을 펼치는 프로그램이 방영되었어. 서바이벌이다 보니 결국 '누가 우승해서 상금을 가져갔을까?'가 사람들의 관심사였을 것 같잖아. 하지만 정작 방송이 끝난 후에도 계속 매체에 오르내린 것은 누가 우승했느냐가 아니라 요리를 대하는 셰프들의 태도와 자세, 그리고 그들이 내뱉었던 말이었지. 분량이 거의 없었던 한 요리사의 장면이 굉장히 인상 깊었어. 그는 대결하게 된 상대방에게 자신이 오랫동안 동경해 온 대상이라고 말하며, 대결 전에 함께 요리할 수 있어 영광이라고 전해. 그리고 요리 대결에서 결국 패배했지만 그는 상대방에게 존경의 표시로 몸을 90도로 깊이 숙여 인사했지. 또 다른 요리사는 스타 셰프와의 대결에서 그를 존경하는 요리사라고 언급하며, 주저함 없이 자신을 낮추고 큰절을 올리는 모습을 보여주었어. 각 요리사의 상대방에 대한 존경심과 동경을 표현하는 태도와 말이 오랫동안 기억에 남더라. 반면에 한 요리사가 요리하는 내내 공격적인 비속어를 쓰거나 팔짱을 끼고 있는 태도는 사람들에게 계속해서 부정적으로 회자되면서 개그의 소재로까지 쓰였어. 그 요리사의 말과 태도를 보면서 '나는 저렇게 말하지 말아야겠다.', '저런 행동은 하지 말아야겠다.'라며 거울치료가 되었다는 말까지 돌기도 했지. 그 요리사도 아마 방송에 나온 자신의 모습을 보고 깜짝 놀랐을 거야. 의도해서 그런 행동을 한 게 아니었을 테니까. 그런데 진짜 무서운 건 이런 태도와 말은 나도 모르는 사이에 나온다는 거지. 그것이 우리가 평소에 나의 태도는 어떤지 의식적으로 살펴봐야 할 이유야.

'이 프로그램의 명장면이었다.', '좋은 기억으로 남는다.' 하는 장면들은 좋은 '태도'가 빛난 장면들이었어. 겸손하게 상대를 높이는 태도를 보였던 셰프의 모습이 사람들의 기억 속에 강하게 남았던 거야. 아니나 다를까 거기에 출연했던 중식계 거장인 한 스타 셰프도 다른 방송에 나와 이렇게 말하더라. 사람들은 누가 이기고 졌는지에 아무 관심이 없다고. 단, 보여준 실력과 태도를 기억한다고.

왜 갑자기 이런 이야기를 하냐고? 사실 말하기도 별반 다르지 않거든. 단순히 말을 하는 것처럼 보이지만 우리는 상대방이 말하는 태도와 자세를 통해 그가 어떤 사람인지를 머릿속으로 그려내니까. 나의 말하기 태도나 자세는, 셰프들이 실력만큼이나 태도로 사람들에게 기억되는 것처럼 그 어떤 말하기 기술보다도 더 중요할 수 있는 거지. 그러면 어떤 태도로 말하는 게 좋을까?

'아무거나 괜찮아'는 최악의 대답

말하기에 플러스가 되는 몇몇 태도가 있는데, 그중 가장 중요한 세 가지를 알려줄게. 첫째는 자신감이야. 자신감 있는 말투는 상대방에게 긍정적인 인상을 주고, 나의 의견을 더 잘 전달할 수 있게 해. 회장 선거에 나온 친구가 어버버하며 자신감 없는 태도로 자신의 공약을 이야기한다고 생각해 봐. 가까운 친구이긴 하지만 그 친구를 뽑아야 하나? 회장의 자질이 있는 건가? 의심이 들 거야. 평상시에 대화할 때도 마찬가지야. 항상 말끝을 흐리거나 개미 목소리로 말하면 이 사람이 나랑 대화하고 싶은 게 맞나? 불편한가? 하는 의문이 들지 않을까? 반대로 자신감 있게 눈을 맞추고 큰 목소리로 말을 건네면 더 귀 기울여 듣고 신뢰하게 되지.

그런데 이렇게 자신감 있는 태도가 중요하다고 해서 하고 싶은 말을 무조건 막 하라는 의미는 아니야. 자신감의 탈을 쓴 무례함이나 도가 지나친 솔직함은 아닌지 말하기 전에 꼭 생각해 보아야 해. 한 번 내뱉은 말은 주워 담을 수 없기 때문에 말하기 전에 생각해 보는 습관을 들여야 해. 최고의 연설자 윈스턴 처칠(Winston Churchill)이 한 것처럼 거울을 보고 연습하는 것도 좋은 방법이야. 그는 연설하기 전에 거울을 보고 연습하지 않으면 사람들 앞에 서지 않았다고 해. 그렇게 신중한 태도를 겸비한 자신감이 필요하다는 말이야.

둘째는 상대를 존중하는 마음이야. 모든 태도는 마음에서 나온다는 말이 있잖아. 상대방과 대화할 때 나의 말만 고집하지 않고, 상대의 의견을 경청하며 존중하려는 태도는 원활한 대화를 위한 준비물이라고 생각하면 돼. 친구가 자신의 생각을 말할 때 '그건 별로야!'라고 생각하며 상대방의 의견을 무시하거나 말을 끊는 대신 '저 친구는 그렇게 생각하는구나.'라는 마음을 가진다면 서로의 생각을 인정하고 존중하는 대화가 이루어질 수 있어. 존중하는 마음을 담는 방법을 잘 모르겠다면 '역지사지(易地思之)' 권법을 써보길 추천해. 말 그대로 상대방의 입장과 나의 입장을 바꿔서 생각해 보는 거지. 내가 한 말을 상대가 들었을 때 어떤 기분일지 먼저 생각해 보는 것, 그 자체가 상대를 존중하는 마음이고 말하기에 도움이 되는 태도이지. 반대로 부정적이거나 적대적인 마음은 말하는 태도 중에서도 가장 겉으로 드러나기가 쉬워. 비꼬는 말투로 말이지. 이런 말투나 행동은 상대방에게 상처를 줄 수 있기 때문에 고치려고 노력해야 해. 정말 다행인 건, 이런 태도가 의식적으로 노력하면 가장 고치기 쉬운 말의 태도라는 거야.

마지막으로 명확하게 이야기해야 해. 말하기의 목적은 결국 정보나 의견, 감정을 '전달'하는 거였잖아? 그러니 그 내용이 명확하게 상대에게 가닿을 수 있게 표현하는 게 중요하겠지? 여기서 명확하다는 것은 구체적이고 확실하게 말하는 것을 이야기해. 구체적으로 말하지 않으면 자신의 의견을 정확하게 전달할 수 없고 친구들의 이해도 배려도 구할 수 없지. 친구들과 점심 메뉴를 결정한다고 했을 때를 예로 들어볼게.

서하 : 오늘 점심 뭐 먹을래?

아연 : 음… 뭐가 좋지? 나는 그냥 아무거나 괜찮아.

소윤 : 피자 먹는 건 어때?

서하 : 피자가 좋기는 한데, 나는 요즘 다이어트 중이라서 좀 고민되네.

아연 : 다이어트 중이면 샐러드는 먹을 수 있지 않아?

서하 : 샐러드? 그건 좀 별로야. 피자랑 같이 먹으면 좋을 것 같은데.

명확성의 문제에서 가장 도드라지는 화법이 바로 아연이가 말하는 '아무거나 괜찮아'야. 평소 이렇게 말하는 친구들 많지? 상대를 배려하고자 하는 의도가 있다는 걸 이해하지만, 이 말은 자신의 의견을 제대로 전하지 않기 때문에 다른 친구들이 이해하기가 어려워. "나는 떡볶이가 먹고 싶어."와 같이 자기의 생각을 정확하게 말하는 게 좋아. 그리고 서하의 경우는 다이어트 중이라 고민이라고 말하면서 구체적으로 어떤 음식을 먹고 싶은지 말하지는 않고 다른 친구의 의견에 반대만 하면서 대화가 흐트러지게 만들고 있어. 그러다 보니 의견 수렴이 되지 않고 있지. 이런 상황이 지속되면 서로 기분 나쁜 결말로 이어지게 돼. 서로의 생각을 쉽게 이해하고 효과적으로 의사소통이 이루어지기 위해서는 '명확성'을 높여 구체적으로 말해야 하는 거야. 그리고 간혹 어려운 말이나 표현을 써야만 멋지다고 생각해서 장황하게 자기의 말을 늘어놓는 사람들도 있는데, 그렇게 이야기를 전개하면 듣는 사람이 말의 의도를 정확하게 알아듣지 못하게 돼. 과장된 표현이나 모호한 단어 사용은 진정성을 떨어뜨리고 구체적인 의미를 정확히 이해하기 힘들게 만들어서, 상대방이 나의 의도를 오해할 수 있기 때문에 복잡한 표현보다는 간결하고 명확한 언어를 사용하는 게 좋아.

1분 자가진단! 나의 말하기 능력은?

자신의 말하기 능력이 어떤 상태인지, 강점을 이해하고 약점을 개선하는 것은 무척 중요한 일이야. 그래서 너희들의 말하기 상태를 확인할 수 있는 자가진단표를 다음과 같이 제시했어. 각 항목에 대해 스스로 점수를 매겨봐. 1점은 '전혀 그렇지 않다'이고 5점은 '매우 그렇다'로 평가하면 돼.

번호	화법 상황	1점	2점	3점	4점	5점
1	사람들 앞에서 이야기하는 것이 부담스럽지 않고 즐겁다	☐	☐	☐	☐	☐
2	내 발음과 목소리가 또렷해서 듣기 편하다는 말을 자주 듣는다	☐	☐	☐	☐	☐
3	친구들과 이야기할 때 자연스럽게 눈을 맞추며 말할 수 있다	☐	☐	☐	☐	☐
4	상대방의 말을 듣고, 적절한 반응을 하며 대화를 이어갈 수 있다	☐	☐	☐	☐	☐
5	내가 말하는 내용에 친구들이 쉽게 공감하고 반응한다	☐	☐	☐	☐	☐
6	몸짓, 표정 같은 비언어적 표현을 활용해 말할 수 있다	☐	☐	☐	☐	☐
7	갑작스러운 질문에도 당황하지 않고 답할 수 있다	☐	☐	☐	☐	☐
8	말할 때 목소리 톤을 조절해 감정을 잘 전달할 수 있다	☐	☐	☐	☐	☐
9	전화로 통화할 때도 불편함 없이 말할 수 있다	☐	☐	☐	☐	☐
10	상대방을 설득하거나 논리적으로 설명하는 것이 어렵지 않다	☐	☐	☐	☐	☐

결과 해석 ─────────────────

점수	말하기 능력의 객관적 평가
10~20점	다른 사람 앞에서 말하는 것이 두렵고 힘든 일이라고 느낄 수 있어. 말하기에 영향을 끼치는 것들이 무엇인지 살펴보고 그것들을 연습하며 개선해 나가야 해.
21~30점	자신감이 부족하거나 표현이 명확하지 않아 자신이 무엇을 말하는지 상대방에게 제대로 전달하지 못하는 경우가 많아. 연습을 통해 능력을 키울 필요가 있어.
31~40점	괜찮은 수준의 말하기 능력을 가지고 있어. 기본적인 의사소통에 문제는 없지만 개선할 부분이 존재해. 나에게 부족한 점이 무엇인지 확인하고 연습해야 해.
41~50점	매우 우수한 말하기 능력을 가지고 있어. 항상 자신감을 가지고 다양한 상황에서의 의사소통이 가능하며 그것으로 인해 사람들과 좋은 관계를 유지할 수 있어.

말하기 능력을 직접 진단해 보니 어때? 절망적이라고? 전혀 그런 생각할 필요 없어. 부족한 부분은 구체적인 계획을 세워 하나씩 고쳐나가면 되거든. 우선 자가진단표의 각 항목에서 낮은 점수를 받은 부분을 확인해 봐. 예를 들어, 2번 항목 '내 발음과 목소리가 또렷해서 듣기 편하다는 말을 자주 듣는다'의 점수가 낮았다면 이것은 자신감의 부족이나 발음 문제와 관련이 있을 수 있다는 걸 진단해 보는 거지. 그러고 나면 부족

한 부분에 대해 구체적인 개선 목표를 설정하는 거야. 다음에 발표할 때는 지금 목소리보다 20% 더 크게 낸다든지, 친구들 앞에서 발표한 후에 발음에 대한 피드백을 받겠다든지 하는 목표 말이야. 그러면 어떻게 연습을 해야 할지 계획도 세워봐야겠지? 볼펜을 물고 거울 앞에서 매일 5분씩 말하기 연습을 하거나 자신감을 키우기 위해 친한 친구와 하루에 5분씩 전화로 수다를 떨면서 연습해 볼 수도 있을 거야. 이렇게 다양한 방법을 통해 말하기 능력을 체계적으로 개선할 수 있으니 자가진단 후에는 스스로 발전시킬 수 있는 목표와 계획을 꼭 세워보면 좋겠어. 말하기 능력 점수가 낮게 나왔다고 섣불리 비관하지 말고 평소에 어떻게 말하고 있는지 스스로 점검하면서 개선해 보자.

호감 비호감을 결정짓는 '화법'

말하기 능력을 개선하기 위해 자가진단을 하고 그 결과를 토대로 보완 목표를 세우고 계획했다면 거기에 하나 더! 자기가 평소에 어떤 화법을 사용하는 사람인지를 점검해 보면 좋아. 예를 들면 자주 사용하는 말버릇이나 태도를 다음의 예처럼 직접 적어보는 거야. 이렇게 나의 말하기 태도를 글로 표현하면 평소에 내가 어떤 말을 자주 사용하는지, 어떤 말버릇이 있는지를 객관적으로 바라볼 수 있고 그것이 친구들과의 대화에 어떤 영향을 끼칠지도 생각해 볼 수 있어.

	예시	듣는 사람에게 끼치는 영향(문제점)
자주 사용하는 말	음	불필요하게 말을 길게 느끼게 만들어 전달력을 떨어뜨림
	그냥	자신이 말하려는 의견이나 주제를 모호하게 만듦
	사실은	불필요하게 정보를 강조하여 신뢰성을 떨어뜨림
	~하는 것 같아	자신의 의견에 지나치게 조심스러운 표현을 함으로써 확신이 없다는 것을 보여줌
	흔히	일반화하여 자신의 의견이 아닌 것처럼 보임
자주 사용하는 말버릇	말 더듬기	긴장하거나 불안하다는 표현으로 말의 흐름을 방해함
	중복 표현	같은 내용을 반복하여 집중력을 떨어뜨리고 지루함을 유발함
	불필요한 사족	말의 핵심과 관련 없는 내용을 추가함으로써 주제에서 벗어남
	목소리 높낮이가 일정함	감정이 제대로 전달되지 않아 듣는 사람의 관심을 끌지 못함
	상대방의 말을 끊음	대화의 흐름을 방해하고 상대방에게 불쾌감을 줌

교생실습 때 학생들과의 수업을 동영상으로 찍어본 적이 있었어. 내가 수업하는 모습이 어떤지, 학생들이 집중해서 잘 따라오고 있는지, 나의 강의 스타일은 어떤지를 파악하기 위해 찍어둔 거였지. 그런데 굉장히 재미있는 사실을 발견했어. 내가 '사실'이라는 단어를 엄청 많이 사용하더라고. "얘들아, 사실 이 작품은…", "사실 이 수업이 내게는…", "사실 춘향이의 마음은 그런 게 아니었을지도 몰라." 등등. '사실'이라는 단어가 전혀 필요 없는 부분에서도 마침표만큼이나 많이 그 단어를 사용해서 처음에 너무 놀랐던 기억이 나. 똑같은 부사나 명사가 계속 반복되면 듣는 사람이 답답함을 느끼게 되고 집중하지 못하게 돼. 게다가 '사실'이라는 단어 자체가 주는 모호함이나 신뢰도를 떨어뜨리는 느낌이 결국 내가 하고자 하는 말들을 오롯이 전달하는 데 방해를 하고 있더라고. 그렇기에 평소 나의 화법 중 무엇이 잘못되었는지, 내가 어떤 단어를 자주 사용하는지, 그 어휘가 대화에 어떤 영향을 끼치고 있는지, 어떻게 개선해야 하는지, 그 과정은 어떻게 이루어져야 하는지 항상 객관적으로 살펴봐야 하는 거야. 문제를 인식해야 개선점을 찾을 수 있을 테니까.

그리고 이러한 과정에서 내가 습관적으로 사용하는 부정적인 표현이 있는지도 확인해 봐야 해. 인지심리학자들이 말하는 부정성 편향(Negativity Bias)에 따르면 사람들은 좋은 정보보다 나쁜 정보에 더 영향을 크게 받는 심리적 경향이 있대. 이러한 심리적인 성향은 언어에서도 드러나. 한 번 들은 비속어나 의미가 좋지 않은 의미나 발음을 가진 은어들이 잊히지 않고 머릿속에서 계속 떠오르는 경험, 한 번씩 있지 않아? 외우려고 한 것도 아닌데 자연스럽게 그 말이 입에 밴 적 말이야. 부정적인 말은 긍정적인 말보다 더 힘이 세서 나도 모르게 입에 붙고 잘 잊히지 않기에 나도 모르는 사이에 내 입에 어떤 말들이 달라붙었는지 객관적으로 확인해 보는 게 중요해.

　반면에 사용하면 관계를 말랑하게 만들어주는 단어도 있어. '혹시'라는 단어, 자주 사용해? 이 단어는 솔직한 속내를 자연스럽게 끄집어내고 싶을 때 쓰는 단어인데, 만약 다른 사람의 말을 편하게 유도하면서 솔직한 마음을 공유하고 싶을 때 유용해. 심리학에서는 인지적 불협화라는 말이 있는데 자기 안에서 모순된 인지를 동시에 품은 상태가 되면 사람은 불쾌감을 느끼고 이를 해소하고 싶어 한대. 틀린 추측을 두면 마음이 찜찜해지는 거지. 그래서 이 찜찜함을 해결하기 위해 자신의 마음을 솔직하게 드러내게 된다는 거야. 그러면 좀 더 깊이 있는 대화가 이루어질 수 있는 거지. "혹시 요즘 공부가 너무 힘들지 않아?", "혹시 너 좋아하는 사람 생겼어?"처럼, 속내를 떠보는 말이 아니라 하나의 추측을 테이블 위에 놓고 다른 사람이 편하게 말할 수 있도록 하는 단어를 사용하는 건 나름대로 전략적인 말하기의 한 부분이라고 볼 수 있겠지. 이처럼 말하기에서 특정 어휘나 표현이 그 상황과 말의 의미에 끼치는 영향은 생각보다 크기 때문에 상대방을 좀 더 배려하는 언어를 사용하고 말하기 전에 좀 더 신중하게 생각했으면 좋겠어. 그러면 미래의 소통에서도 기죽지 않고 자신을 좀 더 잘 표현할 수 있고 보다 성숙하면서도 개선된 의사소통을 할 수 있을 테니까. 타인과의 관계도 더 잘 발전시킬 수 있겠지?

5장

말 잘하는
사람의 비밀,
어휘력

–

똑똑한 말 한마디는 어휘력에서 나온다

═══ 전국 초중고 교사 1,152명을 대상으로 한 설문조사 (한국교총, "충격적인 문해력 실태") 결과, 청소년의 문해력 하락 원인으로 어휘력과 한자 능력 부족이 꼽혔어. 가장 큰 원인은 유튜브 등 영상 매체에 익숙해져 독서를 소홀히 한 것인데, 이러한 결과는 어휘와 한자가 문해력을 키우는 데 필수적인 요소라는 점을 시사해. 그런데 이게 읽고 그 말을 이해하는 능력(문해력)에만 해당되는 조건일까? 친구와 대화를 하다가 말문이 막힌 경험 있지 않아? 그게 상대방의 공격이나 당황스러움 때문이 아니라 하고 싶은 말은 있는데 그 단어가 생각나지 않아서, 어휘력이 부족해서 그랬던 적 말이야. 여기서 어휘력이라고 하면 단순히 많은 단어를 아는 것을 이야기하는 것 같지만 적확한 어휘로 자신의 생각과 감정을 표현하고 자신의 반응을 제대로 전하는 능력을 뜻하기도 해. 그렇기 때문에 상대방과 다양한 관계를 맺고 대화에 자신감을 갖기 위해서는 어휘력이 필수 도구이고 말을 잘하려면 어휘력부터 만렙으로 끌어올려야 한다는 말이야.

'미덥다'는 '믿을 수 없다'?

비트겐슈타인의 《논리-철학 논고》에는 이런 말이 나와. "내 언어의 한계가 곧 내 세계의 한계다." 내가 말하는 언어가 곧 나의 사고를 그대로 반영하고 있다는 말이지. 어휘력 자체가 단순히 국어 성적에만 국한되면 얼마나 좋겠냐마는 어휘는 나의 정신과 우리의 삶까지 지배한다고 해도 과언이 아니야. 사고력과 공감 능력, 나아가서는 사람들과의 관계 형성에도 엄청난 영향을 미치거든. 어휘력 하나 가지고 너무 거창하게 이야기하는 것 아니냐고? 그럼 아래의 대화를 한번 볼래?

친구1 : 도운이 어제 회의 때 보니까 정말 미덥더라.

친구2 : 왜? 도운이가 뭐 잘못했어? 난 전혀 그런 거 못 느꼈는데…. 네가 뭔가 오해하고 있는 거 아니야?

친구1 : 무슨 오해? 난 어제 회의 때 도운이 발표 보고 같은 조원으로서 믿음직스럽다고 말한 건데?

친구2 : 그런 뜻이었어? 나는 '미덥다'가 '믿을 수 없다'는 의미인 줄. 야! 그냥 '믿을 만하다'고 하면 될 걸 가지고 괜히 어렵게 얘기하고 난리야.

친구1 : 자기가 모르는 건 생각하지 않고 남 탓은!

이 대화의 가장 큰 문제점이 뭘까? 바로 한 학생이 '미덥다' 라는 어휘를 전혀 반대의 의미로 알고 있었다는 거지. '미덥다'는 '믿음이 간다'는 의미인데, 한 사람은 '믿음이 간다'로, 또 한 사람은 '믿음이 없다'로 알고 있다 보니 서로 다른 의미로 이해해서 대화에 갈등이 생겼던 거지. "우리 사흘 뒤에 놀이동산 갈래?"라는 친구의 제안에 스케줄을 확인하고 약속을 잡았는데 상대방이 사흘을 4일로 알았다면, 3일 뒤에 친구와 함께 놀러 가려고 스케줄을 비워둔 아이는 얼마나 황당했을까? 결국 그 둘은 놀이동산에 함께 갈 수 없었을 거야. 단순히 '어휘의 의미를 정확히 모르니 그럴 수도 있지!'라며 넘어갈 수도 있겠지만 이런 대화가 반복되면 서로 다른 말을 하게 되고 속으로 '쟤는 왜 저 말 뜻을 모르지?' 생각하다가 어느 순간부터는 상대방에 대한 신뢰가 떨어지게 돼. 그리고 이런 상황이 계속된다면? "쟤랑은 말이 안 통해!"라며 친구와의 관계 역시 틀어질 수 있어. 왜냐고? 단어 자체에 대화의 중요한 메시지가 그대로 담겨 있거든. 게다가 말하는 것이 정보만 전달하는 것이 아니라 서로 간의 교감을 위한 것이기도 하기 때문에 어휘를 몰라서 이렇게 오해가 생기는 상황들이 반복되면 서로 좋은 관계를 유지할 수 없게 되는 거야. 그러면 이렇게 중요한 어휘력, 어떻게 키울 수 있을까?

한자를 알면 어휘력이 쑥쑥

나는 학창 시절 때부터 한자를 좋아했어. 응용하지 않아도 되고 외우기만 하면 되니까 쉽고 단순하다고 느꼈거든. 처음에는 달 월(月), 불 화(火), 물 수(水) 이렇게 요일처럼 쉽고 기본적인 한자부터 시작했지만 하나둘씩 눈으로 자연스럽게 익히다 보니 그런 한자들이 쌓이면서 어느 순간부터는 억지로 읽고 해석하지 않아도 자연스럽게 의미를 알게 되었지. 한자가 가까워지니까 한자어를 활용해 말하거나 누군가가 이야기를 할 때 그 의미를 아는 것이 쉬워졌어. "학업에 전념(專念)해야지!"라는 어른들의 말도 알아듣게 되고 친구들에게 말을 할 때에도 비속어나 신조어를 말하기보다는 자연스럽게 운동(運動), 미래(未來), 진로(進路), 성공(成功), 역사(歷史), 토론(討論) 등의 한자어를 사용하게 되었지. 이런 단어가 모두 한자어 맞냐고? 맞아! 우리말의 70%가 한자어로 이루어져 있어서 너희가 평소에 하는 말에서 10개 중 7개는 한자어인 셈이야. 그 말은 곧 한자어를 많이 알고 있다면 높은 어휘력을 가질 수 있다는 이야기이기도 하고, 다양한 단어를 통해 너의 감정을 더욱 더 세부적으로 표현할 수 있다는 이야기이기도 하지. 즉 말하기가 고급지고 쉬워질 수 있다는 거야!

決定(결정)	決斷(결단)	速戰速決
결단할 결(決) 정할 정(定)	결단할 결(訣) 끊을 단(斷)	(속전속결) = ?
速斷(속단)	決戰(결전)	斷定
빠를 속(速) 끊을 단(斷)	결단할 결(決) 싸움 전(戰)	(단정) = ?

행동이나 태도를 분명하게 정하는 것을 의미하는 결정(決定)이라는 단어를 보자. 이 단어가 결단할 결(決)과 정할 정(定)으로 이루어져 있다는 것을 알게 되면 결정이라는 것이 단순히 무언가를 선택하는 것을 넘어서 깊이 있는 고민과 선택의 과정이라는 의미를 이해하게 돼. 그리고 결단(決斷)이라는 단어도 다시 짚어볼 수 있겠지. 또 속단(速斷)이라는 단어가 나왔을 때 결단에서의 '단(끊다)'이 똑같이 쓰였기 때문에 무언가를 결정하는 것을 의미하겠구나 유추할 수 있지. 여기에다 속(速)이 빠르다의 의미를 가지고 있다는 것을 알게 되면 나중에는 단정(斷定)이나 속전속결(速戰速決)이라는 단어가 나와도 당황하지 않을 수 있어. 각자 알았던 단어들이 다른 글자와 짝을 이루면 전에는 그 의미를 알지 못했다고 하더라도 아주 자연스럽게 해석할 수 있을 거야. 이렇게 반복하다 보면 나도 모르는 사이에 많은 한자어를 알게 되고 다양하게 적용하게 돼. 국어 비문학 지문에서 '도대체 이게 무슨 말이야!'

라고 친구들이 멘붕에 빠져 있을 때, 나는 눈앞에 있는 단어들의 의미를 유추하며 글을 읽어나가는 여유를 부릴 수 있는 거지. 별다른 노력도 안 했는데 한자어들을 쉽게 익힐 수 있는 기회, 너희들 표현으로는 '개꿀'인 셈이야.

게다가 한자를 잘 알고 있으면 유사한 의미를 가진 단어들 간의 차이를 쉽게 이해할 수 있기도 해. '이해하다'와 '파악하다'라는 두 단어를 생각해 봐. 이해(理解)는 사리를 분별하여 해석하는 것, 파악(把握)은 내용이나 본질을 확실히 아는 것을 말하거든. 한자를 알고 있다면 전자는 감정적인 연결을, 후자는 객관적인 인식을 강조한다는 것을 느끼고 '서로의 처지를 (이해하다/파악하다)'에는 파악보다는 이해라는 단어가 들어간다는 것을, '진상을 (이해하다/파악하다)'에는 이해보다 파악이 더 문맥상 어울린다는 것을 알고 상황에 맞는 적절한 표현을 사용할 수 있지.

한자어를 섞어 이야기하면 좀 더 있어 보이는 대화까지 가능해. 친구들이 비속어나 신조어로 이야기할 때면 처음엔 재미있고 웃기다가도 계속 들으면 눈살이 찌푸려지고 피하고 싶은 생각도 들었을 거야. 게다가 비속어나 의미가 좋지 않은 단어들을 계속해서 말하면 부정적 감정이 내 마음을 지배하게 되고 그것들은 자존감을 떨어뜨리며 또 다른 분노를 만들

B급 언어 대신 한자어

자주 사용하는 신조어/비속어	대체해서 쓸 수 있는 한자어	한자어의 의미
개꿀이네	정말 유익(有益)하네!	이롭거나 도움이 됨
너 호구지?	너 정말 우매(愚昧)하네	어리석고 사리에 어두움
완전 교실이 개판이야	교실이 혼란(混亂) 그 자체야!	질서가 없이 어지러움
정말 찌질한 놈	너 정말 소인배(小人輩)같아	그릇과 아량이 좁고 비열한 사람
야 너 꼰대냐?	너 왜 이렇게 구시대적(舊時代的)이야?	시대에 뒤떨어진 사람이나 사고방식
뻥 치지 마.	허풍(虛風) 떨지 마!	과장된 말이나 사실이 아닌 이야기

어낸다고 해. 그러니까 우리 평소에 쓰는 우리만의 은어들도 위에서 예로 든 것처럼 한자어로 바꾸어서 말해보자. 그러면 격양된 감정을 누그러뜨리고 대화의 질을 향상시키고 상대방과의 의사소통을 좀 더 긍정적으로 할 수 있을 거야.

'짜증나' '몰라' 말고 감정도구어

학습도구어는 학습에 꼭 필요한 어휘로 교과서와 같이 학술적인 내용을 다루는 책에 등장하는 단어를 말해. 일상생활 속에서 사용되는 단어들과 확연히 구별이 되는, 교과 어휘라고 생각하면 쉬워. 학년이 올라갈수록 학습에 쓰이는 단어들이 다양해지고 어려워지기 때문에 교과서를 읽고 공부하기 위해서는 단어를 아는 것이 무척 중요해. 수업에서 용해, 전도, 대류, 풍화와 같은 단어들이 나온다고 생각해 봐. 이 어휘들을 모르면 수업 내용을 이해하는 데 어려움을 겪게 되고 수업에 흥미가 떨어질 수밖에 없지. 선생님 학창시절에는 다들 책을 많이 읽어서인지 기본 어휘력이 뛰어났던 것 같아. 현대 문학에서 유명한 작품들뿐 아니라 일반 소설, 심지어 신문이나 청소년 잡지도 많이 읽었거든. 그러다 보니 각 과목에 필요한 학습도구어를 굳이 따로 외울 필요 없이 자연스럽게 익힐 수 있었지. 하지만 요즘은 독서 시간이 현저히 부족하고 책보다 영상에 더 많은 시간을 할애하기 때문에 그 학년에 알아야 할 학습도구어를 따로 프린트해서 공부하는 학생들도 많더라. 그러다 보니 수업을 들을 때 단어를 몰라서 수업을 따라가지 못하는 경우는 좀 줄어들었다고 해.

내 감정을 정확하게 전달할 수 있는 감정도구어

	행복	슬픔	미움	불안	부끄러움
1	벅차다	서운하다	얄밉다	무기력하다	수줍다
2	후련하다	처량하다	괘씸하다	조마조마하다	어색하다
3	아늑하다	참담하다	신경질 나다	두렵다	서투르다
4	상쾌하다	허탈하다	언짢다	살벌하다	민망하다
5	짜릿하다	북받친다	불쾌하다	억울하다	창피하다
6	흥분되다	우울하다	못마땅하다	섬뜩하다	자책하다
7	황홀하다	암담하다	떨떠름하다	막막하다	계면쩍다
8	상큼하다	공허하다	씁쓸하다	초조하다	어색하다
9	온화하다	애통하다	짜증스럽다	전전긍긍하다	서투르다
10	호의적이다	비통하다	가증스럽다	걱정스럽다	수치스럽다

　이와 비슷하게 교과서를 이해하는 데 필요한 어휘는 아니지만 우리의 말하기를 좀 더 풍요롭게 만들고 감정을 세세하게 표현하게 만들어주는 어휘가 있어. 나는 이것을 '감정도구어'라고 부르는데 바로 내 감정을 제대로 표현해 주는 어휘를 말하는 거야. 학생들이 하고 싶은 말이 있는데 자신의 감정을 표현해 줄 말을 찾지 못해서 '헐', '대박' 같은 만능 대체어를 쓴다는 이야기를 들은 적이 있거든. 짜증이 난다길래 왜, 어떻게

짜증이 나는지 말해보라고 했더니 자신의 감정을 제대로 표현할 말을 찾지 못해 '그냥 짜증나!'라는 말로 얼버무렸다는 이야기도. 그때 알았지. '어휘'가 부족하니 신조어나 비속어, 은어로 말하는구나! 그렇다면 내가 표현하고 싶은 감정을 표에 적어놓은 것처럼 다양한 어휘로 정리해서 익히고, 풍부한 어휘를 머릿속에 담아 둔다면 B급 감성에 기대지 않고 나의 감정을 말할 수 있겠구나 하고.

나만의 단어장으로 어휘력 업그레이드

물론 우리의 감정은 표에 나와 있던 것처럼 '행복, 슬픔, 미움, 불안, 부끄러움', 다섯 개만 있는 게 아니야. 수만 가지이고 이를 표현할 수 있는 단어들도 정말 많아. 그래서 단순히 앞의 표를 익힌다고 해서 내 마음을 잘 표현할 수는 있는 건 아냐. 그렇다면 어떻게 더 많은 감정도구어를 알고, 활용해 볼 수 있을까? 가장 좋은 방법은 사전을 찾아보는 거야.

예를 들어, '창피하다'와 관련된 감정도구어를 확인하고 싶다고 해보자. 검색창에 '창피하다'를 입력해 보는 거야. 그러면 단어의 뜻뿐 아니라 유의어나 반의어, 예문에서의 활용 문장들을 한눈에 살펴볼 수 있어. 특히 유의어를 통해 무안하다,

국어사전　창피하다

유의어/반의어

ⓤ 무안하다　ⓤ 남부끄럽다　비슷한말　반대말
ⓤ 낯부끄럽다
ⓤ 부끄럽다　ⓤ 간지럽다
ⓤ 수치스럽다　창피하다
ⓤ 열없다
ⓤ 창피스럽다

출처: 날말 - 유의어/반의어 더보기 >

낯부끄럽다, 간지럽다, 수치스럽다, 열없다 등 '창피하다'와 관련된 비슷한 감정도구어를 엮어서 확인할 수 있지. 너희가 말하는 '가성비 좋은 어휘 학습'이 바로 이런 사전 찾기에서 이루어지는 거야. 예문을 읽어보고 직접 써보는 것도 중요한데, 이는 단어의 이미지를 훨씬 더 구체적으로 떠오를 수 있게 하기 때문이야.

　"형아, '모퉁이', '가장자리'가 뭐야?"라고 초등학생인 동생이 와서 물었다고 해보자. 그런데 분명 그 의미를 알고 있지만, 막상 설명하려고 하면 어려울 때가 있지 않아? 그럴 때는 설명할 수 있는 사물을 보여주며 알려주면 훨씬 쉬워져. 동생의 손을 잡고 아파트 복도에서 쭉 걷다가 엘리베이터 쪽으로 꺾어 들어가는 순간에 "여기가 모퉁이야!"라고 설명해 줄 수도 있고, 동생이 먹던 간식 그릇의 바깥 부분을 보여주며 "이런 게 바로 가장자리지!"라고 대답해 줄 수도 있어. 사전에서 제공하는 예문은 바로 이런 식으로 단어의 의미를 실제 상황 속에서 이해할 수 있도록 도와주는 거야. 단어를 맥락 속에서 이해하는 능력까지 키워주지.

이렇게 매일 새로운 단어 하나를 선택해서 사전에서 찾아보는 습관을 들인다고 가정해 봐. 한 달이면 30개, 1년이면 360개의 단어를 익힐 수 있어. 뫼비우스의 띠처럼 꼬리에 꼬리를 무는 유의어, 반의어와 같은 단어들까지 확인해 본다면 훨씬 더 다양한 어휘를 익힐 수 있을 거야. 그 어휘를 활용하면서 재미있게 대화할 수 있는 건 덤이고 말이야.

하지만 한 번 보고 잊어버리기 쉬운 만큼 단어장을 따로 만들어 두는 것을 추천해. 스마트폰 앱을 활용해 나만의 단어장을 만들어두면 아무 때나 활용하기 좋아. 단어를 기록할 때는 단어의 의미뿐 아니라 예문도 함께 적어두면 언제 이 단어를 활용할 수 있을지 그 맥락을 정확하게 이해하고 실제 대화나 글쓰기에서도 쓸 수 있지. 예를 들어 '열없다'라는 단어가 무슨 의미인지 잘 몰라서 사전에서 찾아보았다면 그 순간을 놓치지 말고 아래처럼 써보는 거야.

단어에 의문을 갖고 직접 찾아보고 정리하는 이 모든 과정이
너의 말하기 실력을 크게 성장시켜 줄 거야. 하루에 한 단어 알
아가기, 이 정도면 꽤 가성비 괜찮은 노력이 아닐까?

마지막으로 감정도구어를 배우는 방법으로 시 읽기도 추천
해. 시에는 감정도구어가 가득 들어있거든. '좋다'는 감정을
'반짝이다', '물들이다', '맑다', '밝히다', '채우다' 같은 단어로
표현하는 시에서 다양하고 아름다운 감정도구어를 만나볼 수

있어. 처음에는 손발이 오그라들고 적응이 안 되는 것처럼 느껴질 수 있지만 계속 읽다 보면 마음이 따뜻해지고 순수해지는 느낌이 들 거야. 시를 통해 어휘도 배우고 좋은 감정도 전달받을 수 있으니 일석이조겠지?

독서는 손해 볼 일 없는 최고의 습관

드라마에서 멋진 남자 주인공 역할을 했던 한 배우가 예능 프로그램에 나왔어. 나의 최애는 아니지만 차애 정도로 관심을 가지고 있었기에 초집중 상태로 방송을 보고 있었는데, 흔히 말하는 은어와 가벼운 신조어, 줄임말 쓰는 걸 보고 있으니 내가 생각했던 배우의 이미지와 점점 멀어지더라. 그러다 어느 순간 그 배우에 대한 마음이 식는 게 느껴졌어. 게다가 사회자와 말을 주고받는 장면에서 같은 어휘만을 사용한다든지 자신의 생각을 제대로 표현하는 데 어려움을 겪는 모습을 보면서 평소에 독서가 많이 부족했던 것은 아닐까 생각되었지. 정보가 워낙 넘쳐나는 시대라 아는 게 많다고 말을 잘하는 것은 아니지만 같은 지식을 자신만의 생각으로 정리하고 해석하여 이야기를 전달하는 것은 평소 독서를 많이 한 사람들에게 발견되는 공통점이거든.

〈조승연의 탐구생활〉이라는 유튜브를 운영하고 있는 조승연 작가의 말에서는 다독의 향기가 묻어나. 그가 영상에서 인생 책이나 책 리뷰, 미술, 건축 등 다양한 분야의 이야기를 할 때 그에게서 가늠할 수 없는 독서량을 느끼게 되지. 물론 많은 책을 읽는다고 말을 잘하는 것은 아니지만 그가 지식을 설명하는 방식이 굉장히 인상적이었어. 비유가 정확하고 누구나 알 수 있는 쉬운 단어를 사용해. 쉬운 단어라고 해서 가벼운 단어가 아니라 누구든지 이해할 수 있도록 설명하기 위한 단어를 굉장히 엄선해서 사용하는 거지. 게다가 누구나 공감할 수 있는 이야기를 하는데 이건 독서를 통한 직간적접인 경험이 없으면 쉽게 할 수 없어.

독서를 많이 하면서 글의 구조를 익히면 자신의 이야기를 할 때도 내가 책에서 보았던 그 글의 구조를 활용할 수 있게 돼. 또 다양한 사람들의 생각과 경험을 접하면서 사고의 폭을 넓힐 수 있고, 다양한 책을 통해 여러 관점을 확인하면서 논리적으로 자신의 의견을 정리하고 말할 수 있게 되지. 그리고 내가 어디에선가 읽은 내용이 나오면 괜히 반가워서 더 말하고 싶어지는데 이런 상황이 반복되면 자연스럽게 자신감이 상승해. 스스로가 아는 거지. '내가 말을 잘하는구나.' 어휘력 향상뿐 아니라 대화의 질이 높아지고 상대방과의 소통이 원활하게 되는 것 모두 독서 하나로 가능하다는 말씀!

　조지 오웰의 《1984》에는 '신어(Newspeak, 新語)'라는 것
이 나와. 국민을 통제하고 권력을 유지하는 수단을 의미하는
소설 속 가공의 언어로, '언어가 사고를 지배한다'는 사상에
입각해 국민의 언어 사용을 단순화하기 위해 영어를 인위적
으로 개량한 것을 말해. 예를 들면 good의 반대어는 bad인
데 good 앞에 반대의 의미를 지닌 'un'을 붙여 반대어로 사용
하고 대신 bad는 점차 사용 빈도수를 줄여 끝내는 소멸시켜
버리는 거야. 반대어에 un만 붙이면 따로 외우지 않아도 되니
쉽겠다고 생각할 수도 있는데, 이렇게 하면 표현할 수 있는 단
어의 수가 반으로 줄어들게 돼. 좋다의 반대어로 나쁘다, 싫다
는 사라지고 '좋지 않다'만 사용하게 되는 상황을 상상해 보면
이해가 쉬울 거야. 지도층은 기존의 언어를 단순화하고 제한
하는 언어 규제를 통해 사람들의 자유로운 사고를 통제해. 언
어를 잃은 사람들은 그만큼 다양한 사고를 하지 못하고 단순
하게 바뀌어 가지. 그만큼 언어에는 그 사람의 인격과 사고가
들어있다고 보아도 과언이 아니야. 그렇기 때문에 우리가 말
하기에 앞서 어떤 어휘를 어떻게 사용해야 할지 중요하게 생
각해 보아야 한다는 걸 잊지 마.

6장

말에도 센스가 필요해! TPO!

–

때와 장소, 상황에 맞게 말하는 법

═════ '저자와의 대화' 행사에 TV 예능이나 교양 프로그램에도 자주 출연하는 유명 베스트셀러 작가를 초대했던 적이 있었어. 학생들은 자신이 읽었던 책의 저자를 직접 만난다는 생각에 무척 들떠 있었는데 강연장에 나타난 작가의 모습을 보고 적잖게 당황한 듯했어. 작가님은 마치 집 앞 슈퍼에 가는 것처럼 반바지에 티셔츠, 그리고 스포츠 샌들을 신고 오셨거든. 여름이라 더운 날씨였기 때문에 그럴 수도 있겠다고 생각했지만, 왠지 모르게 강의에 집중하기가 어려웠어. 작가님이 TPO를 지키지 않아서 그런지 괜히 전문성이나 신뢰감이 조금 떨어지는 것처럼 느껴졌지.

TPO는 시간(Time), 장소(Place), 상황(Occasion)의 앞 자를 따서 만든 단어로 때와 장소와 상황에 맞게 옷을 입고 행동하라는 의미를 지녀. 불우이웃을 돕기 위한 자선 바자회에 초대된 연예인이 머리끝부터 발끝까지 화려한 치장에 명품을 자랑하듯 걸치고 등장한다면 어떨까? 문상 갈 때 노란색이나 파란색처럼 원색 옷을 입고 간다면? 아무리 멋진 옷을 입었다고 하더라도 그 장소와 분위기에 맞지 않으면 어색한 옷차림이 되는 것은 물론이요, 사람들의 곱지 않은 시선을 받을 수 있고, 그로 인해 좋지 않은 이미지가 굳어질 수 있어. 그런데 복장에만 TPO가 있을까? 말을 효과적으로 전달하고 상대방의 감정이나 태도를 이해하며 좋은 관계를 유지하기 위한 말하기에도 TPO가 필요하다는 거 알고 있니?

메시지의 감정적 색깔을 결정하는 톤(Tone)

말의 톤(Tone)은 어조(語調)나 감정을 표현하는 말하기 요소 중 하나로 기쁜 톤, 슬픈 톤, 화난 톤, 차분하거나 전문적인 톤, 친근하고 유머러스한 톤 등이 있어. 말의 톤은 음절이나 단어, 어절의 강세, 말의 속도나 목소리 크기, 소리의 높낮이를 표현하는 억양에 따라 완전히 다른 의미로 해석될 수 있어. 그리고 듣는 사람과 감정, 그리고 의도를 고스란히 반영하기 때문에 메시지를 전달하는 데 정말 중요한 역할을 하지. 상황에 맞게 적절한 문장으로 답했는데도 냉담한 반응을 받거나, "로봇이냐?", "진심을 담아서 리액션 해줘."라는 피드백을 받은 적 있을 거야. 그건 아마 '톤' 때문이었을 거야.

예를 들어, 강아지가 아파서 힘들어하는 친구에게 "어떡해…"라고 부드럽고 감정을 담은 억양으로 말하면 그 상황을 이해하고 진심으로 걱정하고 있다는 마음이 전달되지만, "어.떡.해."처럼 끊어서 딱딱하게 말하면 억지반응인 것처럼 진심이 전해지지 않을지도 몰라. 친구들 앞에 나서서 무언가를 하게 되는 상황이었을 때, "제가 할 수 있을까요?"라고 확신에 찬 목소리와 자신감 있는 톤으로 말하게 되면 "제가 한번 해보겠습니다!"라는 뜻으로 해석하게 되지. 자신의 능력에 대한 믿음을 가지고 있는 것처럼 비쳐 상대방은 그 질문을 진지하고 긍정적인 의도로 받아들일 수 있어. 하지만 "제가… 할 수 있을까요…?"라고 주저하는 톤으로 말했다고 상상해 봐. 말하는 사람이 자신감이 없고 불안해한다는 느낌을 한 번에 받을 수 있잖아. 결국, 하기 싫은데 억지로 해야 하는 상황에 처해 있구나, 라는 메시지를 주게 되지. 톤만 바뀌었을 뿐인데, 듣는 사람에게 전혀 다른 의도로 전달된다는 게 정말 신기하지?

'대단하다'라는 말이 기쁘고 축하하는 어조로 전달이 되면 칭찬으로 받아들여지지만 '대~단하다'처럼 차갑고 낮은 어조로 표현되면 비꼬는 느낌을 줄 수 있는 것도 톤의 차이 때문이야. '정말 잘했다'라는 말도 진지한 어조로 전달되면 진정한 칭찬이 되겠지만 '참 잘~했다'처럼 비꼬는 톤이라면 듣는 사

람의 기분을 상하게 한다는 것도 마찬가지겠지? 아무것도 아
닌 것 같지만 말의 톤은 전달하고자 하는 메시지의 감정적인
색깔을 결정해. 그러니 오해 없는 의사소통을 위해서는 가장
신경 써야 할 부분이야.

대화를 이끌어가는 비언어적 표현, 포즈(Pose)

포즈(Pose)는 우리가 말하는 자세나 얼굴 표정, 눈빛 등을 지
칭하는 신체의 언어를 말하는데 사람들은 의사소통 과정에서
언어적 표현보다 신체 언어를 더 신뢰하는 경향이 있대. '비언
어적 표현'은 무의식의 언어라고도 하는데, 그만큼 내면의 심
리를 드러내 주기 때문이지. 예를 들어 상대방을 향해 미소를
짓는다고 생각해 봐. 미소 자체가 행복하고 만족감, 즐거움을
드러내는 표현이기 때문에 상대방은 친근감이나 따뜻함을 느
낄 수 있을 거야. 게다가 우리가 웃을 때에는 뇌가 스트레스
를 줄이고 혈압을 낮추며 기분을 좋게 하는 데 도움이 되는 도
파민과 엔도르핀이 나온다고 하니 평소에 잘 웃는 표정을 유
지한다면 대화뿐 아니라 나의 감정에도 도움이 될 수 있겠지?
반대로 찌푸리는 얼굴을 떠올려 봐. 슬픔이나 좌절, 불만과 같
은 부정적인 감정을 단번에 드러낼 수 있어. 마찬가지로 발표

하는 자리에서 어깨를 펴고 바른 자세로 서 있는 모습을 통해 우리는 신뢰감을 얻게 되고, 상대방과의 대화 자리에서 몸을 상대에 가까이 향하게 앉아 집중하는 모습을 통해 상대에 대한 관심을 확인할 수 있어. 그렇기 때문에 우리는 대화할 때 신체의 언어에 더욱 관심을 가져야 하는 거야.

친구의 성적이 올랐다고 축하해 주는 자리에서 얼굴에 웃음기 없이 무표정하다면 어떨까? 정말 축하해 주고 있는 건지 아닌지 의심되어 축하를 받는 게 오히려 기분 나쁜 상황이 될 수 있어. 실은 내가 그런 마음이 아니었다고 하더라도 상대방에게 오해를 살 수 있겠지. 반대로 친구가 성적이 떨어져서 축 처져 있는 모습을 보인다면 "괜찮아?"라는 한마디 말보다 자리에 다가가 손을 잡아주거나 등을 쓰다듬어 주는 공감의 제스처가 훨씬 더 큰 위로가 될 수도 있어.

이렇게 신체 언어는 많은 의미를 담고 있기 때문에 누군가와 말하기에 앞서 '무슨 말을 할까?'보다 '어떻게 말해야 할까?'를 고민하면 좋겠어. 어떤 자세로 말하느냐에 따라 대화의 내용과 분위기가 결정되고 막힌 대화를 푸는 열쇠가 될 수도 있으니까. 그리고 하나 더! 평소에 내향형이라 말을 잘 못해서 친구가 나를 싫어하고 나에게 다가오지 않는다고 속상해하고 있다면, 이런 비언어적 표현을 잘 활용해 보는 것은 어

신체언어와 그 의미

자세/태도	표현하는 감정
팔짱 끼기	방어적이거나 불편한 상태임을 드러냄
고개 끄덕이기	상대방의 말에 동의한다는 것을 표현
눈 맞춤 피하기	불안이나 자신감 부족, 혹은 관심이 부족하다는 것을 나타냄
몸을 앞으로 기울이기	상대방에게 관심과 집중하고 있다는 뜻
지나치게 움직이기	불안이나 긴장 혹은 집중하지 못하는 상태를 나타냄
미소 짓기	친근한 미소는 긍정적인 감정과 친근함을 드러냄
다리 떨기	긴장하거나 불안하고 초조함을 나타냄
손목시계 보기	지루하거나 급한 일이 있음을 암시하고 대화에 집중하지 못하고 있다는 표시
손을 주머니에 넣기	수줍음이나 불안감을 나타내며, 방어적인 태도로도 보일 수 있음
핸드폰 보기	상대방에 말에 관심이 없다는 모습으로 비칠 수 있으며 대화의 질을 떨어뜨림

떨까? 같은 반 친구와 눈이 마주쳤을 때, 황급히 눈을 피하기보다 살짝 미소지어 주는 것부터 시작해도 좋을 거야. 실제로 말의 내용을 신경 쓰기보다 얼굴 표정이나 자세, 태도, 눈빛 등을 잘 활용하는 것이 더 쉽게 느껴지기도 하잖아. 그러면 말

하는 데에 두려움을 갖고 있다고 하더라도 신체 언어를 통해 좀 더 쉽고 편하게 진실한 내 마음을 전할 수 있을 거야.

상황(Occasion)에 맞는 말의 선택

상황(Occasion)에 따라 적절한 단어와 표현을 선택하여 사용하는 것은 원활한 대화를 위해 정말 중요해. 상황에 맞는 말을 하지 않는 경우 대화가 어색해지거나 의미에 오해가 생겨 내가 의도한 바가 정확하게 전달되지 않을 수 있거든.

먼저 공식적인 자리에서는 신뢰감을 주는 표현을 사용하는 게 필요해. 예를 들어, 학급 회장 선거에 출마한 상황이라고 해보자. '학급 회장 선출'이라는 목적을 가지고 있다면 차분하면서도 자신감 있는 단어를 선택해서 말해야 해. "세상이 저를 억까하는 이 상황에서 한 표 부탁드려요!" 같은 가벼운 표현은 진지함이 부족해 보이면서 그 사람의 말 자체에 신뢰감을 떨어뜨리게 돼. 그보다는 "여러분과 함께 더 나은 학급을 만들기 위해 노력하겠습니다. 소중한 한 표 부탁드립니다!"라고 표현하는 게 필요하겠지?

수업 시간에 질문할 때도 마찬가지야. 선생님에게 질문하는 상황을 떠올려 봐. "엥? 선생님, 그거 아닌 것 같은데요!"라고 비꼬는 표현보다는 "선생님, 저 질문이 있는데요, 제가 생각하기에는 저 부분이 조금 틀린 것 같아요."라고 부드럽고 공손한 목소리로 자신의 생각을 표현하게 되면 듣는 선생님도 그다지 기분 나쁘지 않고 오해의 소지도 생기지 않을 거야.

친구와의 대화에서는 상대방의 감정을 고려해 상황에 맞는 응원이나 격려의 말을 선택하는 것이 필요해. 시험 전이라 긴장하고 있는 친구에게 "시험? 그거 별거 아니야! 대충해도 돼!"라고 말하는 건 어떨까? 평소에는 가벼운 농담이나 응원으로 생각하고 넘길 수 있지만 상대방에겐 중요한 시험이라 많이 긴장하고 있는 상황이라면 피하는 것이 좋아. 친구 입장에서는 불안하기도 하고 무시당하는 느낌을 받을 수도 있어. 대신 "열심히 했으니까 좋은 결과 있을 거야. 파이팅!"이라고 말한다면 좀 더 긴장을 풀고 편안하게 생각할 수 있을 거야.

이처럼 상황에 맞는 단어와 표현을 선택하는 것은 상대방과의 원활한 의사소통을 위해 꼭 필요해. 어떤 상황에서도 오해 없이 내 의도를 잘 전달하기 위해서는 맥락에 맞는 단어와 표현을 선택하려는 노력이 필요하다는 점을 항상 기억하자.

결국 TPO는 눈치 챙기라는 이야기

메라비언의 법칙(Mehrabian's Rule)이 있어. 의사소통에서 감정과 태도를 전달하는 데 있어서 비언어적인 요소가 얼마나 중요한지를 설명하는 이론으로, 1970년 심리학자 앨버트 메라비언(Albert Mehrabian)에 의해 제안되었지. 그의 법칙에 따르면 의사소통에서 전달되는 메시지는 다음과 같은 비율로 구성이 된대.

메라비언의 법칙

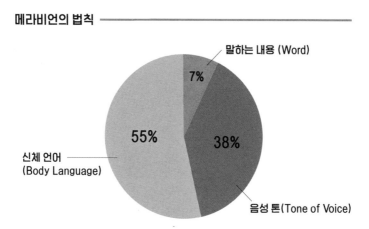

우리는 말할 때 말의 내용이 무엇인지가 가장 중요하다고 생각하지만 말의 내용(7%)뿐 아니라 말할 때의 톤(38%)이나 신체 언어(55%)가 실은 커뮤니케이션의 핵심이 된다는 이야

기이야. 상황에 맞는 말을 선택하는 것도 중요하지만 그 말에 어떤 톤과 신체 언어를 더하느냐에 따라서도 전혀 다른 의미로 전달될 수 있다는 거지.

결국 말하기 TPO를 챙긴다는 말은 눈치 있게 상황과 맥락을 읽고 말하라는 뜻이지. 명절에 가족들이 모였을 때 안부를 묻는답시고 이렇게 잔소리하는 어른들이 많잖아. "반에서 몇 등 하니?", "어느 대학 갈 거니?" 이렇게 대화의 기본 TPO를 지키지 않는 사람이 많다 보니 〈명절 잔소리 메뉴판〉까지 생겼더라. 잔소리할 때마다 돈을 내고 말하라는 거지. 불편한 주제의 말은 꺼내지 말라는 것을 센스 있게 돌려 말한 건데 이런 밈들이 대중화되었음에도 눈치 챙기지 못하는 사람들이 너무 많은 것 같아.

말하기에 있어 눈치를 챙기려면 상황을 보고 말의 내용을 조정할 수 있는 유연성이 있어야 해. 그러려면 상대방의 기분이나 반응을 파악하기 위해 잘 듣는 게 첫 번째야. 그리고 상황에 맞는 주제로 이야기를 꺼내야겠지. 그리고 일기처럼 기록을 하면서 내가 했던 말을 돌아봐. 오른편의 예처럼 내가 친구와 해당 상황에서 어떤 말을 했는지 기록하고 내게 어떤 센스가 부족했던 건지, 왜 친구는 그 이후로 아무 말이 없었는지, 도대체 내 문제점은 무엇인지, 다음에는 어떻게 말하면 좋을

눈치 챙긴 말. 말. 말

상황	적절하지 않은 말	문제	눈치를 챙긴 말
친구가 힘들어하고 있을 때	"그 정도 일에 왜 이렇게 힘들어해! 별것도 아닌데!"	친구의 감정을 무시하여 더 큰 상처를 줄 수 있음	"너무 힘들었겠다. 내가 도울 일 있으면 말해줘."
친구를 다른 친구에게 소개할 때	"아 얘? 그냥 같이 다니는 거야."	상대에 대한 부정적인 인상을 심어주고 불편한 분위기를 만듦	"이 친구는 나랑 잘 맞아. 함께 지내면 재미있어!"
선생님 질문에 대답할 때	"선생님, 질문이 너무 쉬운데 이런 걸 물어보신다고요?"	선생님에게 무례하게 보일 수 있음	"선생님, 저 그거 잘 알아요! 대답할 수 있을 것 같아요!"
친구의 선택에 관해 이야기할 때	"그걸 선택했다고? 너무 별로인데?"	친구의 선택을 무시하는 태도로 친구가 상처받을 수 있음	"그 선택도 나쁘지 않은 것 같아. 왜 그렇게 선택했는지 이유도 들어보고 싶어."
중요한 발표를 앞둔 친구에게	"발표? 긴장할 필요 없어. 아무도 너 신경 안 쓸걸?"	친구의 긴장을 무시하고 불쾌감을 더해줌	"준비한 내용 보니까 알찬 것 같아. 자신감을 가져! 잘할 수 있어!"

지 고민해 보는 거야. 그런 과정을 거치면 앞으로는 좀 더 눈치 있게 말할 수 있을 거야. 말하기에 TPO를 갖춰서 말이야!

내가 하고 싶은 말을 효과적으로 전달하고 상대방의 감정이나 태도를 이해하며 좋은 관계를 유지하기 위해서는 말하기의 TPO가 정말 중요하다는 점을 기억했으면 해. 모두가 아는 사실 같고 사소하게 느껴질 수도 있지만, 첫인상처럼 소통에서 매우 중요한 요소라는 것을. 같은 내용을 전달하더라도 목소리의 톤이나 신체 언어에 따라 상대방이 이해하는 방식이 달라질 수 있다는 점을. 말을 잘하는 사람이 되고 싶다면 꼭 가져야 할 자세라는 것을!

아싸는 모르는 인싸의 말비책 ②

질문부터 다른 호모 프롬프트

챗GPT나 생성형 AI 돌려본 적 있어? 이 AI가 내놓는 결괏값은 사람이 어떤 질문을 하느냐에 따라 답이 달라져. 이렇게 AI를 통해 결괏값 창출 능력이 뛰어난 사람을 호모 프롬프트(Homo Prompt)라고 부르는데, 필요한 해답을 더 빨리, 더 정확하게 찾아내는 능력을 갖춘 인간을 말하는 거야. 친구들과의 대화에서도 티키타카가 잘 이루어지려면 자연스럽게 서로의 생각을 공유하는 질문을 던지는 것이 중요해.

첫째, 어떻게 질문하느냐에 따라 너무나도 다른 답을 생성하는 챗GPT처럼 상대방과의 관계를 좀 더 친밀하게 만들기 위해서는 올바르게 질문을 하는 능력이 필요한 거지.

한 친구가 자연주의 환경 다큐 영화를 보고 "환경 오염 실태가 너무 심각한 것 같아. 환경 다큐 영화를 봤는데 대기나 수질, 토양의 오염 상태가 너무 심각하더라."라고 말했다고 해보자. 이때 잘 듣고 있다가 "물질 과잉의 시대에서 인간이 가져야 할 교훈이 뭐가 있을까? 우리 사회에서 덜어내야 할 유위(有爲)가 무엇이 있을까?" 이런 질문을 한다면 어떨 것 같아? 물론 상대방의 말에 경청은 해도 우선 두 번째 질문에 나온 단어 때문에 질문을 정확하게 이해하지 못하는 상황을 맞닥뜨리게 될 것이고, 질문을 정확하게 이해했다고 치더라도 쉽게 말을 꺼내지 못할 거야. 철학적인 질문이라 듣자마자 자신의 생각을 이야기하기 어렵겠지. 그러면 그 순간이 '갑분싸!'가 되며 계속해서 이야기가 이어지기 힘들어. 상대방과의 대화가 마치 과제나 시험처럼 버겁게 느껴지는 거야. 그런데 이런 질문에 "어떤 내용이었는데?"라든지, "나도 얼마 전에 비슷한 다큐멘터리 봤는데 깜짝 놀랐어. 대기나 수질 오염 이야기는 많이 들어봤는데 토양 오염은 어떤 내용이었어?"처럼 상대방의 이야기를 잘 듣고 상대방이 자신의 생각을 쉽고 자연스레 공유할 수 있는 질문을 던지면 대화가 좀 더 쉬워져. 말을 잇는 데 부담이 없어지는 거야. '환경오염'과 같이 무거운 주제여도 티키타카가 쉽게 될 수 있다는 거지. 그럼 질문을 잘하려면 어떻게 하면 될까? 첫째, 상대방이 말을 하면 그 말을 다시 따라 말하면서 그것과 관련된 질문을 하는 거야. 아래의 대화를 한번 볼래?

상황	티키타카가 잘 이루어지는 '상대방에 말을 따라 말하고 질문하기'
시험 성적 이야기	"나 이번 시험에서 평균 90점 받았어." "우와 시험에서 평균 90점 받았구나. 이번 시험 어려웠는데 정말 대단해. 어떤 과목이 점수 가장 잘 나왔어?" "항상 수학이 80점대였는데 이번에 좀 열심히 했거든. 95점을 받았어." "와 열심히 한 보람이 있네! 95점을 받다니. 어떻게 공부했어? 성적향상 비법이 궁금해."
취미에 대한 이야기	"나 〈흑백요리사〉 보고 요리에 관심이 생겼어. 유튜브 보고 이것저것 따라 하고 있어." "요리에 관심이 생겼구나. 따라 해본 요리 중에 가장 맛있었던 게 어떤 거야?" "경상도식 매콤한 소고기뭇국을 따라 만들었는데 엄마 아빠도 엄청 맛있게 드셨어." "경상도식 소고기뭇국을 만들었구나. 처음 들어보는데, 어떤 방식으로 만드는 거야?"

동아리 활동 이야기	"우리 동아리에서 이번 달에 환경 보호 캠페인을 하기로 했어." "환경 보호 캠페인을 하기로 했구나. 어떤 활동을 주로 할 예정이야?" "쓰레기 분리수거를 잘 하자는 캠페인과 나무 심기 행사도 계획하고 있어." "쓰레기 분리수거와 나무 심기 행사라니, 정말 좋은 아이디어인 것 같아. 너는 둘 다 참여해?"
최근 읽은 기사 이야기	"최근에 환경오염이 심각해지고 있다는 기사를 읽었어. 특히 대기 오염이 문제라고 하더라." "대기 오염이 심각하구나. 어떤 게 원인으로 언급되었어?" "자동차와 공장 배출가스가 가장 큰 원인이라고 해. 그리고 미세먼지 문제도 심각하대." "미세먼지 문제 심각하지. 그럼 이 기사에서 정부는 어떤 대책을 세우고 있다고 해?"
진로 체험 이야기	"이번 진로 체험에서 병원을 방문해 의사 선생님을 만나고 왔어." "진로 체험으로 병원을 방문했구나. 의사 선생님을 만나고 어떤 이야기를 들었어?" "환자를 치료하는 과정과 대학생 때 어떤 공부를 했는지 이야기해 주셨어." "대학생 때 어떤 공부를 해야 한다고 해? 나도 그쪽에 관심이 있어서 너무 궁금해."

이렇게 질문을 하면 상대방은 우리가 감정적으로 교류하고 있다고 느끼고 대화가 자연스럽게 이어지게 되지. 이런 간단한 질문 하나로 관계가 친밀해졌

다고 느끼는 거야.

둘째, 너무 깊이 생각하지 않아도 되는 질문을 하는 거야. 보통 취향에 대한 질문이 이런 부류에 속해. "탕수육 먹을 때, 부먹 vs 찍먹, 어떤 게 좋아?", "여름휴가 갈 때, 바다 vs 산, 어디로 갈 거야?", "학교 가기 전에 아침으로, 빵 vs 밥, 어떤 게 좋아?", "영화 볼 때, 액션 vs 로맨스, 어떤 게 더 좋아?" 일정한 선택지를 주니까 둘 중에 하나만 고르면 되니 답하는 데 부담이 없어. 그리고 무엇보다 개인적인 취향엔 정답이 없으니까 자유롭게 말할 수 있지. 그리고 사적인 이야기이기 때문에 이런 질문에 답을 하고 들으면 서로를 알아가는 데 도움이 될 거야. 이 방법을 기억해 두었다가 친구들과의 티키타카에 활용해 봐.

마지막으로 자연스럽게 상대방과 빠르게 친해질 수 있는 치트키는 상대방이 최대한 많은 이야기를 할 수 있는 주제로 질문하는 거야. 대부분의 사람들은 자신의 이야기를 많이 하고 다른 사람이 잘 들어주는 것을 좋아해. 그래서 친구들의 관심사인 핫플레이스나 웹툰, 드라마, 걸그룹이나 아이돌과 같은 주제를 활용하면 상대방이 자연스럽게 자신의 이야기를 공유할 수 있어. "최근에 가본 맛집이나 카페 중에 좋았던 곳 있어?", "요즘 즐겨보는 웹툰 있어?", "최근에 본 재미있는 OTT 뭐 있어?" 이런 질문들은 자신의 경험과 생각을 자유롭게 이야기할 수 있도록 도와줘서 서로 이야기를 주고받다 보면 자연스럽게 대화도 오랫동안 활기차고 의미 있게 지속될 수 있을 거야.

그리고 여기에 하나 더, 상대방이 하고 싶은 이야기에 질문을 던지면 더 좋아하겠지. 예를 들면, 성적이 올랐다면 그 부분을 슬쩍 물어보거나 다이어트를 해서 날씬해졌다면 그 비법이 무엇이냐는 등의 질문을 하는 거지. 상대방의 가치를 인정하고 그들이 더욱 빛날 수 있도록 하면 상대방은 존중받고 있다는 느낌을 받고 관계를 더욱 깊이 있게 만들게 돼. 누군가의 매력을 뽐낼 수 있도록 분위기를 만들어주고 열심히 칭찬해 주는 것, 다른 사람을 돋보이게 하는 이타적인 인싸의 질문법은 어렵지 않기 때문에 누구나 환영할 거야. 물론 이런 질문이 호구조사 쪽으로 선을 넘지 않도록 주의해야 하고 너무 개인적인 질문을 던지면 불편할 수 있기 때문에 취미나 관심사와 같은 가벼운 주제로 시작해야 한다는 점을 기억해야 하지만 말이야. 질문 후에는 그에 대한 반응을 잘 해주는 것도 잊지 마.

3교시

주위 사람들과 똑똑하게 소통하는 법

7장

엄마 아빠는 왜 이렇게 내 마음을 몰라주지?

–

가족에게 내 마음 솔직하게 말하는 법

═════ 청소년기는 자아를 찾아가는 중요한 시기여서 부모님과의 관계에서도 많은 변화를 맞이하게 돼. 부모님은 가장 가까운 사람이라 나를 잘 이해해 줄 것 같지만 때론 서로 생각이 달라 갈등이 생기기도 해. 예를 들어, 부모님이 내가 좋아하는 것이나 친구 관계를 이해하지 못하고 잔소리를 하면, 그게 너무 답답하게 느껴져서 방에 들어가고 싶어질 때가 많지.

우리는 부모님과 즐거운 일이나 소식을 나누기도 하지만, 감정이 격해지면 서로에게 상처를 가장 많이 주는 사이이기도 해. 이럴 때 가장 중요한 것은 내 마음을 솔직하게 표현하는 거야. 우리 모두 독립된 인간이라 상대방의 속마음이나 의도를 모두 다 알기는 무척 어렵거든. 그럼 부모님에게 내 마음을 어떻게 표현하면 좋을까? 부모님과 좀 더 유쾌하고 솔직한 대화가 이루어질 수 있는 말하기 방법을 지금부터 알려줄게.

'문 쾅 닫기' 전에 '나 대화법'

우린 생각보다 대화에서 내 감정을 솔직하게 표현하지 않을 때가 많아. 솔직하게 표현하면 상대방이 기분이 나쁘거나 감정이 상할까 봐 그냥 넘어가는 경우가 많지. 그런데 이런 상황들이 쌓이면 나중에는 아예 말을 하고 싶지 않은 상황에 이르게 돼. 상대방의 행동에 불만만 쌓이고 서로 감정을 표현하지 않기 때문에 대화가 단절되고, 서로를 전혀 이해하지 못하게 되는 거지. 이런 경우 장기적으로 좋은 관계를 이어갈 수가 없어. 특히나 사소한 일들로 갈등이 많이 생기는 관계라면 나의 감정이나 생각을 솔직하게 표현하는 게 좋은 데 이럴 때 쓸 수 있는 대화의 기술이 있어. 바로 '나 대화법(I-message)'을 사용하는 거야.

나 대화법은 나를 중심에 두고 나의 감정을 전달하는 말하기로, 솔직하면서도 선을 지키는 대화가 이루어질 수 있다는 점이 장점이야. 게다가 상대가 나의 입장에서 생각해 볼 기회를 주기 때문인지 격한 감정도 진정시킬 수 있어. 대화에서 긍정적인 단어를 사용하는 것만이 좋다고 생각할지 모르지만, 자신의 마음을 솔직하게 표현하는 것은 모든 대화에서 가장 중요한 일이야. 다음의 대화를 한번 볼래?

딸 : 엄마, 내 방에 들어오지 말라고 했잖아. 왜 자꾸 들어와? 좀 나가!

엄마 : 하루 종일 밥도 안 먹고 침대에 누워서 핸드폰만 하고 도대체 뭐 하는 거야?

딸 : 알아서 하겠지. 어린애도 아닌데 좀 내버려 둬. 그냥 냅둬도 안 죽어!

이 대화의 문제는 뭘까? 서로의 마음을 솔직하게 표현하지 않았다는 거야. 이런 대화가 반복되면 서로의 입장을 무시하는 것처럼 보이고, 그것 때문에 또 다른 갈등이 생겨. 엄마가 딸의 방에 간 건 하루 종일 밥도 먹지 않고 방에만 틀어박혀 있는 딸이 걱정되어서였어. 그런데 방에 틀어박혀 있는 것에만 초점을 두고 이야기를 하니까 대화를 하는 게 아니라 일방적으로 화를 내는 것처럼 느껴지지. 딸의 입장에서도 엄마가 자신의 이야기를 제대로 듣지 않는다고 생각해 "그냥 냅둬도 안 죽어!"와 같이 막말을 내뱉게 돼. 화를 내고 막말로 답하는데 당연히 대화의 결말이 좋을 리 없겠지. 이럴 때는 내 감정을 있는 그대로 표현하면서 상대방의 감정까지 고려하는 나 대화법을 써보는 거야. 그러면 대화가 오해 없이 좀 더 부드럽게 진행될 수 있지.

딸 : 엄마, 나 오늘 기분이 안 좋아서 혼자 있고 싶어. 할 말 있으면 조금 있다가 이야기하면 안 될까?

엄마 : 엄마는 네가 하루 종일 밥도 안 먹고 있으니 걱정이 되어서… 마음이 괜찮아지면 거실로 나와서 엄마랑 이야기하자.

딸 : 응, 엄마 이해해 줘서 고마워요.

나 대화법을 통해 나의 감정('나는' 기분이 안 좋아서 혼자 있고 싶다)을 솔직하게 전하니 엄마 입장에서는 화를 내기보다는 엄마의 솔직한 감정(네가 하루 종일 밥도 안 먹고 방 안에만 있으니 '나는' 걱정이 된다)을 표현하게 돼. 같은 상황인데도 불구하고 자신의 감정을 솔직하게 표현하자 화가 나는 감정이나 속상한 감정이 많이 상쇄된 느낌이 들어. 그리고 차분하게 대화를 이어갈 수 있고 대화의 마무리가 완전히 달라지게 돼. 나 대화법이 좋은 것은 '나는 ~~처럼 느낀다'처럼 표현하면서 상황에 대해 상대방을 비난하고 질책하는 것이 아니라 그저 나의 감정만을 솔직하게 보여준다는 거야. 게다가 나 한 명이라도 이런 대화법으로 대화를 시작하게 되면 상대방도 함께 '자신의 감정을 돌아보며' 차분해진다는 장점이 있지. 그러면 대화에 날을 세울 필요도 없이 방어적 태도를 줄이게 되고

	부모님의 말	즉흥적인 대답	나 대화법으로 대답
1	"그만 좀 놀아. 도대체 숙제는 언제 할 거니?"	"잔소리 좀 그만해. 언젠가는 하겠지."	"아빠, 내가 친구들과 노는 게 재밌어서 시간 가는 줄 몰랐어. 곧 숙제도 할게요."
2	"방이 이게 뭐니? 돼지우리가 따로 없잖아."	"그럼 엄마가 치워주든지. 나도 할 일 많고 바쁘다고!"	"엄마가 그렇게 말하면 나는 좀 속상해. 나도 해야겠다고 생각했는데 막상 하려니 버겁게 느껴져서 미뤘어. 엄마, 혹시 도와줄 수 있어?"
3	"핸드폰 그만 좀 해! 너 그거 핸드폰 중독이야!"	"엄마, 나만 하는 거 아니야. 다른 애들도 다 하거든? 잔소리하는 사람 엄마밖에 없어."	"엄마, 나는 핸드폰으로 친구들과 대화하는 게 재미있고 스트레스도 풀려. 하지만 엄마 말도 맞으니까 시간을 지키면서 해볼게."

솔직하게 서로의 감정을 표현하면서 개방적인 대화를 나누게 돼. 이렇게 서로 간의 신뢰가 쌓이고 건강한 대화를 유지하게 되는 거야.

즉흥적인 대답과 '나 대화법'으로 대답한 부분을 비교해 봐.

당장이라도 언성이 높아질 분위기에서 좀 더 차분해지고 감정이 누그러드는 느낌, 확실히 느낄 수 있지 않아? 이렇게 말하면 엄마가 목소리를 높여 잔소리를 하려고 하다가도 한 번쯤은 너의 감정이나 상황을 좀 더 이해해 보려고 노력할 거야. 너도 무턱대고 화내기보다는 네 감정을 엄마에게 전해봐. 그럼 엄마도 내 마음을 이해하게 되고 그 순간부터 엄마와 '통한다'는 느낌, 그리고 신뢰감이 생길 거야.

게다가 이 대화법은 부모님과의 대화뿐 아니라, 친구들과의 대화에서도 무척 유용해. 청소 당번인데 늦은 친구에게 화가 나서 이렇게 말했어. "야! 점심 시간 다 끝나가는데 지금 오면 어떡해? 너만 놀고 싶어? 나도 놀고 싶어!" 이렇게 상대방을 비난하는 데 포커스가 맞춰지면 친구는 잘못했음에도 불구하고 민망한 마음에 되레 화를 낼 수 있어. "조금 늦은 것 가지고 난리네. 야 청소도구 내놔! 하면 되잖아!" 이런 식의 핑퐁 대화가 이어지면 서로를 향한 비난이 반복될 것이고, 감정만 상하게 되겠지. 이럴 땐 '나 대화법'으로 이렇게 말하면 어떨까? "점심 시간에 네가 오지 않아 혼자 청소하니까 짜증이 났어. 나도 놀고 싶은데 너만 놀고 있다고 생각하니 화가 나더라. 다음에는 좀 신경 써서 일찍 와줄래?" 내가 왜 화가 났는지, 그 행동으로 느낀 감정이 무엇인지를 조목조목 이야기하면 상대방은 그 상황을 이해하고 미안한 마음까지 들면서 다음번에는 약속을 지켜야겠다고 생각할지도 몰라. 말에는 감정을 누그러뜨리고 상황을 바꾸는 힘이 있거든. 그리고 하나 더, 대화할 때 부드러운 어투는 그 대화의 결을 결정해. 앞에서 배운 말의 TPO 기억하지? 짜증난 표정으로 말하거나 욕설을 하는 행동은 상황을 더 부정적으로 만들거든. 욕하는 사람에게 좋게 반응할 리 없으니까. 그렇기 때문에 부모님뿐 아니라 상대방과의 대화에서는 아무리 편하다고 해도 말투를 부드럽게 하고 비속어는 사용하지 않는 것이 기본 예의라는 것도 잊지 마.

부모님과 의견이 다를 땐, 이렇게

청소년기에는 호르몬도 말을 안 들어 감정이 들쑥날쑥 난리인데 어떤 학원을 가야 할지, 어떤 진로를 선택해야 할지 등 결정해야 할 일도 무척 많아. 특히나 큰 결정에 앞서서는 부모님의 의견을 들어보기도 하는데, 그럴 때 나와 조금이라도 다른 방향의 이야기를 하면 나도 모르게 감정이 격해져 문을 쾅 닫고 방에서 나오지 않는다든지, 나가라고 부모님에게 소리를 지른다든지 하는 태도를 보이게도 되지. 때론 그냥 좋은 게 좋은 거다, 큰소리 내기 싫으니까 부모님의 의견에 따라 어영

부영 넘어가는 경우도 있지만, 어떤 문제든 부모님과 상의는 하되, 결정은 내 몫이어야 해. 그래야 어떤 결과가 나와도 남 탓하지 않고 겸허하게 받아들일 수 있어. 그럼 어떻게 하면 부모님과 의견을 잘 나누고, 내 주장을 설득력 있게 전달할 수 있을까? 여기 세 가지 방법이 있어.

첫 번째, 나의 감정을 솔직하게 표현하자. 앞에서도 이야기했듯이 나 대화법을 활용해 보는 거야. 나 대화법으로 말하면 서로의 감정이 상하지 않고 내 의견을 말할 수 있고, 상대방도 나의 감정을 정확하게 이해할 수 있다고 했지? 특히나 가족 간의 말하기엔 교감이 중요하거든. 그러니 서로의 일상에서 적극적으로 마음을 표현하면서 자신의 생각을 명확하게 전달했으면 좋겠어. "엄마, 내 미래에 대해 걱정해 주는 것은 감사하고 잘 알겠지만, 내 선택을 존중해 주면 좋겠어. 내 인생의 중요한 결정이고, 내가 스스로 나만의 계획을 세우면 좀 더 의미 있을 것 같아."라고 말해보는 거야. 이렇게 내 감정을 솔직하고 차분하게 말하면 부모님도 나의 진심을 더 잘 이해할 수 있겠지? 아무리 가까운 사이라도 이야기하기 전엔 생각이나 감정을 다 알지 못하기 때문에 제대로 표현하는 게 무엇보다 중요해.

두 번째, 부모님의 의견을 존중하되 내 의견을 명확하게 전달하자. 부모님의 말씀을 경청하면서도(부모님 이야기 속 의도와 감정을 이해해 보면서) 내 의견과 이를 뒷받침할 수 있는 이유를 제시하며 설득해 보는 거야. 반대를 위한 반대가 아니라 논리적으로 자신의 의견을 제시하는 거지.

진로 선택과 관련된 아빠와의 대화

아들 : 아빠, 저는 디자인에 관심이 있어요. 창의적인 일을 하는 게 재미있고 즐거워요.

아빠 : 그렇지만 아빠가 생각하기에는 안정적인 직업이 더 좋을 것 같은데? 공학 쪽으로 관심을 가져보는 게 어때? 미래에 전망도 더 밝고. AI 시대에 좀 더 유망하지 않을까?

아들 : 아빠 입장에서는 안정적인 직업을 중요시하는 게 이해는 돼요. 하지만 디자인 분야에서도 충분히 안정적인 직업을 가질 수 있다고 생각해요. 그리고 자신이 좋아하는 것을 선택해야 즐겁게 일할 수 있을 것 같아요. 그게 더 중요하지 않을까요?

이렇게 대화가 이루어진다면 아빠가 자신의 의견을 관철시키기 위해 무언가를 강제하거나 하지는 않을 거야. 아마도 좀 더 너의 행동을 지켜보며 마음을 돌리거나 너를 지지해 줄 수 있지.

세 번째, 감정이 과열된 상태에서는 조금 쉬어가자. 의견이 엇갈리다 보면 때론 부모님도 감정이 격해져서 화를 내는 경우가 있을 수 있어. "그러니까 엄마 말 들으라고 했지?", "학원 다 끊어, 너 혼자 알아서 해.", "엄마 위해서 공부해? 다 널 위해서 하는 거지!", "멋대로 할 거면 혼자 나가서 살아." 이런 말을 듣고 있으면 어떤 생각이 들어? 혹시 화나고 속상한 마음에 앞뒤 따지지 않고 같이 소리를 지르거나 화내진 않았어? 물론 부모님에게 그런 말을 들으면 감정적으로 대응하게 되는 건 이해하지만, 이럴 때 잠깐 대화 정지 버튼을 눌러보자. 이럴 때일수록 왜 이렇게 상대에게 화를 내거나 소리를 지르는지를 잘 생각해 보는 거야. 감정의 페이스에 말리지 말고, 심호흡하며 스스로에게 질문해 봐. 그리고 대화 중에 감정적으로 함께 격해지지 않도록 "엄마, 잠깐만 방에서 생각 좀 하고 올게요.", "물 한 잔 마시고 다시 이야기해요."라며 한 템포 쉬어가는 거야. 모두가 이유 없이 화를 내거나 흥분된 상태에서는 올바른 해결책이나 결론을 찾아내기가 어려워. 그렇기 때문에 감정이 안정된 후에 다시 대화를 시도해야 하는 거지.

가족은 가장 가깝지만 서로에게 상처 주기 쉬운 사이야. 우

리 사이에도 적당한 거리를 두며 이야기한다면 오히려 가까
움을 유지할 수 있지 않을까?

덕후라면 꼭 갖춰야 할 협상의 기술

덕질을 한 번이라도 해봤다면 '나의 요구사항을 엄마에게 어
떻게 이야기해서 설득할 수 있지?'에 대해 매번 고민하게 될
거야. (소싯적에 나도 파란 풍선 좀 흔들어 본 god팬으로서) 엄마
아빠가 어렸을 시절에도 덕질이라는 게 없었던 것은 아니지
만, 사실 지금처럼 포토카드, 콘서트 굿즈, 응원봉, 티셔츠 등
본격적인 아이템들과의 전쟁을 치르지는 않았지. 해봐야 책
받침이나 사고, 용돈 좀 모았다면 CD와 Tape 두 종류를 가
지는 것 정도였는데, 요즘 덕질은 그 나라의 경제 판도를 바꿀
정도로 그 영향력이 대단하다고 해. '팬덤 경제'라고도 하잖
아. 온라인 광클 대기는 기본에, 오프라인 매장에서 밤샘 줄서
기를 하기도 하고, 끝도 없이 굿즈들이 만들어지고 판매되니
까. 사실 이 모든 걸 다 하겠다고 말하는 것 자체가 부모님에
게는 경제적 부담으로 다가올 수도 있고, 덕질에 너무 빠져서
혹시나 공부를 소홀히 하거나 나쁜 영향이 가지는 않을까? 걱
정스러운 마음이 드는 건 당연한 걸지도 몰라. 엄마 눈에는 덕

질이라는 이 고귀한 취미가 생각 없이 연예인이나 쫓아다니며 물불 안 가리는 사생팬처럼 보일 수 있으니까. 그렇다고 오빠들의 굿즈를 포기하기는 좀 아쉬운데, 그럴 땐 어떻게 하는 게 좋을까? 아래의 대화에 답이 있어!

딸 : 엄마, 나 이번에 오빠들 콘서트 가고 싶어! 이번에 셋리스트를 봤는데 완전 대박이래!

엄마 : 또 그 얘기야? 지난번에도 갔잖아. 근데 또 가겠다고?

딸 : (부드러운 말투로) 엄마, 지난번에 콘서트 보내줬을 때 정말 좋았었거든! 다녀오고 나니 공부도 더 잘되고. 이번에는 신곡도 발표한다니 더 특별한 콘서트란 말이야. 그리고 엄마, 친구들과 함께 가는 거라 나만 빠지면 좀 그래. 그래서 꼭 가고 싶어.

엄마 : 하지만 티켓 가격도 만만치 않고, 맨날 놀면 공부는 언제 하니?

딸 : (공감하면서) 맞아, 엄마 솔직히 콘서트 티켓 한 장인데 비싸긴 한 것 같아. 그래서 내가 생각해 봤어! 이번 중간고사에서 성적이 오르면 보내주는 건 어때? 물론 콘서트 티켓을 살 때 내 용돈 반도 보탤게. 나도 그러면 시험공부 동기부여도 되면서 더 열심히 할 수 있을 것

같은데….

엄마 : (조금 마음이 풀리며) 시험 성적도 신경 쓴다고? 그러면 엄마가 조금 생각해 볼게.

딸 : (긍정적으로) 이번 시험, 2주 남았잖아! 안 그래도 지난 주부터 계획 짜서 중간고사 준비하고 있었어. (노래 부르며) 성적 향상 주인공은 나야 나 나야 나!

엄마 : (웃으면서) 흠, 좋아. 네가 정말 열심히 공부해서 목표를 이룬다면 엄마가 티켓팅에도 함께 도전해 볼게! 네가 스스로 이야기한 것이니 꼭 지키도록 노력하는 모습을 보여줘.

딸 : 엄마, 걱정하지 마. 아, 지금 엄마랑 이런 말 할 시간 없어. 얼른 공부하러 갈게.

부모님과의 대화에서 가장 중요한 것은 무엇일까? 서로의 감정을 존중하고 이해와 공감을 표현하는 것부터가 대화의 시작이 되어야 해. 그것은 부모님뿐 아니라 모두와의 대화에서도 마찬가지지. 엄마가 "근데 또 가겠다고?"라고 물었을 때, 못 가게 하려는 심산이구나 생각하고는 "왜? 안 돼? 엄마가 안 된다고 해도 나는 갈 거야!"라고 부정적으로 말한다면 어떨까? 서로 감정부터 상하게 될 것이고 엄마는 말도 다 듣지 않고 자기 멋대로 하겠다는 너에게 아마 콘서트행을 허락해 줄 수 없을 거야. 그렇다면 결국은 좋은 대화로 이어질 수가 없겠지. 그런데 이 대화에서 딸은 엄마의 날카로운 공격이 들어왔음에도 불구하고 부드러운 말투를 유지하며 엄마가 지난번에 보내줬을 때 좋았고, 다녀오니 시험 공부도 더 잘된다며 가고 싶은 이유에 대해 솔직하고 침착하게 말하며 엄마를 설득하고 있지. 이게 첫 번째 포인트야. 지레 짐작하고 열 받지 말기! 게다가 "티켓 가격이 만만치 않고,"라는 엄마의 말에 "비싸긴 한 것 같다."며 공감하고 "공부는 언제 하니?"라는 잔소리에 "성적이 오를 수 있도록 공부할게."라는 구체적인 목표를 제시하고, "내 용돈 반도 보탤게."라며 협상에 실질적인 조건도 추가하면서 엄마의 마음을 열게 만들지.

> **아들** : 엄마, 나 수학 과외 시켜주면 안 될까? 계속 성적이 떨어져서 무언가 대책이 필요해.
>
> **엄마** : 너 지난번에도 숙제 밀리고 선생님한테 계속 혼나면서 과외 그만둔 거 기억 안 나니?
>
> **아들** : 에이, 엄마! 지금의 나는 그때의 나와는 다르지. 이번엔 열심히 할 수 있을 것 같아!

그리고 앞의 대화에서처럼 "지금의 나는 그때의 나와는 다르지."와 같이 가벼운 농담이나 유머를 사용하면, 긴장을 풀어주거나 마음을 말랑말랑하게 만들어 좋은 분위기를 낼 수 있어. 웃는 얼굴에 침 못 뱉잖아. 아래 협상의 기술 네 가지를 연마해 두면 아마도 부모님과 타협에서 목적한 바를 이뤄낼 수 있어. 무엇보다 모두가 행복한 대화의 결말을 맞이하게 될 거야. 아래의 표에서 보이는 것처럼 긍정적인 반응이 대화에서 내가 원하는 결말로 이끌어줄 수 있다는 것을 기억하길 바라.

부모님과의 협상에 도움이 되는 말하기 방법

말하기 방법		엄마의 말		나의 반응
1	조건 제시	"맨날 놀면 공부는 언제 하니?"	긍정	"엄마 그래서 내가 생각해 봤는데, 이번에 성적이 오르면 내가 말한 조건 생각해 보면 어떨까?" (조건 제시)
			부정	"아 또 그 소리야? 됐어. (비아냥거리며) 들어가서 공부나 하면 되는 거지?."
2	긍정적인 태도	"지난번에 갔는데 또 간다고?"	긍정	"지난번에 엄마가 보내줬을 때 너무 좋았거든. 다녀오니 기분이 좋아서 공부도 잘됐던 것 같아. 엄마 그래서 말인데, 이번에도 허락해 주면 안 될까?"
			부정	(막무가내로) "왜 안 돼? 엄마가 아무리 그래도 나는 갈 거야!"

3	간단한 농담 이나 유머	"엄마가 그럼 좀 생각해 볼게."	긍정	"엄마 그럼 나 열심히 해볼게. (노래 부르며) 성적 향상의 주인공은 나야 나 나 아나"
			부정	(짜증내며) "아 됐어. 말하라고 해서 말했더니 간 보는 거야? 지금 대답해 줄 거 아니면 됐어. 괜히 말했네.
4	공감 하기	"티켓 가격이 만만치 않고"	긍정	"맞아, 콘서트 티켓이 좀 비싸긴 해서 내 용돈을 콘서트 티켓 사는 데 조금 보태면 어떨까?"
			부정	(다른 사람과 비교하며) "다른 애들 엄마 아빠는 그냥 아무 말 없이 다 해주는데 왜 엄마는 돈 얘기부터 해? 나한테 쓰는 돈이 그렇게 아까워?"

부모님과의 관계는 특별해. 매일 얼굴을 보고 대화를 나누며 서로의 감정을 공유하는 대상이니까. 하지만 이렇게 특별한 관계이기 때문에 더 막 대할 때도 있고, 서로의 마음이 잘 통하지 않아 답답한 마음이 들 때도 있어. 게다가 공부와 학교생활로 예민해지다 보니 사소한 잔소리에도 크게 화를 내고 화풀이를 하기도 해. 반대로 훨씬 더 많이 부딪치는데도 가족은 서로 이해해야 하는 관계라는 생각에 불만이 부글부글 끓는데도 쉽사리 표현하지 못할 때도 있고. 학생 시절, 시험도 얼마 안 남아서 해야 할 공부도 많고 너무 바쁜데 거기에 '방

청소하고 일찍 좀 자라'는 부모님의 잔소리까지 들릴 때면 정말 괴로웠어. 어느 순간부터 눈빛은 반항심이 가득해지고, 부모님에게 친구보다 못한 감정을 갖게 되더라.

하지만 우리는 가족일 뿐, 서로 모두 다른 인격체라는 것을 기억했으면 좋겠어. 가족이기 때문에 다 알 것 같았는데 막상 속을 들여다보면 친구보다도 잘 모를 때가 많은 미묘한 관계. 가족이니까 더 사랑해야 하고 무조건 이해해야 하는 건 아니며 가족끼리도 나은 관계를 위해 서로 노력해야 해. 그 노력은 말에서 시작된다는 걸 잊지 마.

어떻게 말해야 할까?

민지: 엄마 나 용돈 좀 올려줘.

엄마: 용돈? 지난주에 줬는데 벌써 다 썼어?

민지: 코딱지만큼 줘놓고 무슨… 아 빨리 나가야 돼. 빨리 돈 줘.

엄마: (언짢아져서) …뭐? 안 돼! 말버릇이 그게 뭐니!

민지: 아 됐어. 안 줄 거면 말든가. 왜 혼을 내고 그래!

　(민지 문을 쾅 닫고 나간다)

엄마: 저… 저 녀석이!

　민지가 용돈을 올려받기 위해선 어떻게 대화했어야 할까?

8장

그냥 한 말인데
친구가 상처받았대!

–

좋은 친구 관계, 말 한마디에 달려 있다

═════ 얼마 전, 수능이 끝난 3학년 수업에 들어갔어. 그맘때쯤에는 면접 준비를 하는 친구들도 있고 모여서 다 같이 게임을 하는 친구들도 있는데, 한 학생이 유튜브 채널을 너무 재밌게 보고 있는 거야. 뭘 보는지 궁금해서 가까이에 가서 봤더니 '대학생 연애 초반 특'이라는 프로그램을 보고 있더라고. 연애 상황에서의 특징을 보여주는 영상이라고 하면서 그런 이야기를 하더라. 처음 경험하는 관계에 대한 두려움 때문에 이런 상황에서 어떻게 말하고 행동하면 좋을지 영상으로 공부를 한다는 거야. 듣자 하니 한 국립대에서는 '연애의 첫 단추' 강의가 교양수업으로 진행되기도 한대.

사실 연애뿐만이 아니라 매일 만나는 친구들 사이의 대화에서도 이런 불안감이나 두려움은 있을 거야. 내가 한 말이 상황에 맞지 않으면 어쩌지? 내가 지금 잘하고 있는 건가? 내가 저 사람에게 어떻게 보일까? 어떤 식으로 먼저 이야기를 꺼내야 할까? 이런 의심이 끊임없이 쳇바퀴 돌다 보면 대화의 시작부터 어렵게 느껴질 거야. 하지만 우리의 일상은 늘 친구들과 함께인 경우가 많은데 매일 이렇게 긴장하고 불안해하며 살 수는 없잖아. 그런 일상이 스트레스라면 회피하지 말고 맞닥뜨려 보면 어떨까? 작지만 강력한 대화의 기술, 스몰토크(Small talk)를 배워보면서 말이야.

친해지고 싶을 때, 스몰토크

스몰토크는 우리가 잡담이라고 하는, 일상에서 나누는 가벼운 대화를 말해. 잡담이라고 하면 쓸모없는 말처럼 보이지만 사실 스몰토크는 단순히 가벼운 대화 이상의 역할을 하지. 내가 상대방에게 관심이 있음을 무의식중에 드러내며 아주 자연스럽게 대화의 물꼬를 틀 수 있거든. 스몰토크의 주제는 날씨나 기분 등 일상의 사소한 것들이지만 그렇다고 스몰토크를 소홀히 하면 자연스럽게 대화를 이어나가기 어려워. 특히 '나는 친구를 사귀거나 대화를 나누는 데 어려움을 가지고 있다'고 느낀다면 스몰토크에서 쓰이는 질문을 몇 가지 숙지해두면 좋아. 친구와 대화의 물꼬를 트기엔 스몰토크가 딱이거든.

스몰토크에 쓰이는 질문

1. "최근에 본 영화 중에서 어떤 게 제일 재밌었어?"

2. "요즘 가장 좋아하는 음악은 뭐야?"

3. "이번 주말에 뭐 할 계획이야?"

4. "학교에서 제일 좋아하는 과목은 뭐야?"

5. "최근에 읽은 책 중에서 추천할 만한 게 있어?"

6. "관심 있는 가수나 연예인 있어?"

7. "가장 기억에 남는 여행지는 어디였어?"

8. "SNS에서 어떤 콘텐츠를 자주 봐?"

9. "좋아하는 운동 있어?"

10. "최근에 관심 있는 취미나 활동은 뭐야?"

학기 첫날 모두가 어색해서 쭈뼛거리고 있을 때 옆에 앉아 있는 친구에게 이렇게 말을 건네보는 거야. "요즘 SNS에서 어떤 콘텐츠 자주 봐?", "어제 축구 봤어?" 이렇게 상대방이 부담 없이 대답할 수 있는 질문이자 나도 함께 반응할 수 있는 질문을 던져보는 거지. 내가 전혀 신경 쓰지 않는 관심사보다는 나도 좋아하는 공통적인 주제를 택하면 서로 간의 대화를 이끌어 나가기가 수월해.

꼭 학기 첫날이 아니더라도 '서로 좋아하는 공통적인 주제'는 스몰토크의 중요한 소재가 돼. "오늘 날씨 진짜 좋다. 구름 한 점 없는 하늘 좀 봐. 나는 이래서 가을이 좋아. 넌 어떤 계절 좋아해?"라고 일상의 가벼운 소재로 이야기를 나누어도 좋고, 최근 본 드라마나 영화 등으로 이야기를 건네면 좀 더 흥미롭고 자연스러운 분위기에서 대화를 시작할 수 있겠지. 이 대화의 포인트는 친구가 무엇을 좋아하는지 취향을 파악하고, 거기에 꼬리를 물어 대화를 이어가는 거야. 특별한 화제를 찾을 필요도 없고 그저 상대방의 관심사와 관련된 이야기로 대화를 시작하면 대화는 지속되기 쉽거든. 간단한 질문인 것 같지만 친구 관계를 발전시키는 기초가 되기 때문에 다양한 주제를 머릿속에 떠올리고 기억해 두면 도움이 될 거야.

만약 이것마저도 어렵다면, 상대방을 관찰해 보는 거야. "너 보조개가 있구나? 귀엽다!", 혹은 상대방이 들고 있는 물건을 살펴보면서 힌트를 얻는 거지. "쿠로미 키링이네? 나도 쿠로미 좋아하는데!", "그 책 나도 읽어봤어! 너도 그 작가님 좋아해?"처럼 말이야. 알고 지내던 친구라면 평소와는 달라진 점을 언급해 보자. "너 머리 잘랐어?", "신발 새로 샀어?", "오늘 표정이 다른 때보다 좋아 보이는데 무슨 좋은 일 있어?"라고.

거창한 말이나 행동은 아니지만 듣는 사람은 나를 지켜봐 주는 사람이 있구나 하는 생각이 들어 마음이 따뜻해지고 대화가 자연스럽게 진행될 수 있을 거야.

그런데 스몰토크에 피해야 할 주제도 있어. 친구 부모님의 직업이나 아파트 평수, 부모님의 차 종류 등 사생활에 속하는 영역에 대해서는 묻지 않는 게 예의야. 조금 더 어른이 되어 사회생활을 할 때면 나이나 수입, 결혼이나 자녀 여부 등도 이런 피해야 할 주제에 포함이 돼. 상대방이 스스로 말한다고 해도 덧붙여 대화를 이어나가지 않는 게 좋고 아주 친한 사이라도 다른 사람을 물질적으로 평가할 수 있는 소재들은 불편할 수 있다는 것도 기억해 줘.

'거절은 어려워!' 착한 사람 증후군 테스트

혹시 착한 사람 증후군이란 말을 들어본 적 있니? 착한 사람 증후군은 타인에게 착한 사람으로 보이기 위해 자신의 감정을 솔직하게 표현하지 못하고 타인을 위해 지나치게 노력하는 것을 말해. 즉 '남의 말을 잘 들어야 착한 사람'이라는 믿음이 강박으로 굳어져 자신의 생각보다 타인의 눈이나 분위기를 더 중시하게 되는 걸 말하는 거야. 이런 방식으로 다른 사람들을 대하다 보면 이건 옳지 않다고 생각되는 상황에서도 부정적인 정서나 감정을 숨기게 돼. 속으로는 진심을 억누르고 참으면서 스트레스를 받게 돼. 특히 거절을 해야 하는 순간에 이런 착한 사람 증후군이 가장 잘 드러나곤 하지.

거절을 못 하면 장기적으로 관계에 부정적인 영향을 미칠 수 있어. 무례한 요구를 계속 들어주다 보면 상대는 점점 그 도움을 당연하게 여기게 돼. 어쩌다 한 번 거절이라도 하면 "너 변했다"는 말을 들으며 오히려 관계가 더 불편해질 수도 있지. 처음에는 좋은 마음으로 들어준 부탁이 결국 나를 지치게 만들고, 관계를 유지하는 것조차 힘들게 할 수 있어.

이런 상황을 피하려면 어떻게 해야 할까? 우선, 내가 싫은 부탁은 거절해야 한다는 점을 명확히 인식해야 해. 거절은 단순히 '싫다'고 말하는 것이 아니라, 나와 상대 모두를 존중하는 대화의 기술이야. 물론 거절할 때 상대가 상처받거나 화를 낼까 봐 두려울 수 있지만, 거절하지 못하고 계속해서 억지로 부탁을 들어주는 건 오히려 나를 더 힘들게 만들 뿐이야.

그럼 나는 얼마나 거절을 잘하는 사람일까? 나는 착한 사람 증후군일까? 궁금하지 않아? 아래의 표를 보고 각 항목에 대해 솔직하게 점수를 매겨봐. 1점은 '전혀 그렇지 않다'이고 5점은 '매우 그렇다'로 평가하면 돼.

번호	화법 상황	1점	2점	3점	4점	5점
1	내가 하고 싶지 않은 일을 할 때 내 감정을 잘 표현한다	☐	☐	☐	☐	☐
2	친구의 부탁이 부담스럽다면 솔직하게 거절할 수 있다	☐	☐	☐	☐	☐
3	나의 의견이나 감정은 존중 받아야 한다고 생각한다	☐	☐	☐	☐	☐
4	거절할 때 상대방에게 이유 를 잘 설명할 수 있다	☐	☐	☐	☐	☐
5	타인의 기분을 고려하느라 나 자신을 속이지 않는다	☐	☐	☐	☐	☐
6	거절한 후에도 친구와의 관계 가 나빠질까 걱정하지 않는다	☐	☐	☐	☐	☐
7	상대방이 나를 힘들게 하는 것은 참을 수 없다	☐	☐	☐	☐	☐
8	갈등이 생긴다고 하더라도 내 입장을 솔직하게 말한다	☐	☐	☐	☐	☐
9	다른 사람과의 관계보다 나 의 감정이 더 중요하다	☐	☐	☐	☐	☐
10	나의 사정에 따라 그에 맞게 부탁을 거절할 수 있다	☐	☐	☐	☐	☐

결과 해석

점수	말하기 능력의 객관적 평가
10~20점	거절 능력이 부족해. 타인의 관심에 의존하려는 경향이 강하고, 자신의 감정을 표현하는 데 어려움을 겪고 있어. 조금 더 자신을 위해 거절하는 연습이 필요해.
21~30점	때때로 자신의 감정을 표현할 수 있지만 여전히 다른 사람의 기분을 지나치게 걱정하고 있어. 상황에 따라 거절하는 방법을 좀 더 연습하면 좋겠어.
31~40점	자신의 감정을 잘 표현하고 필요한 경우 적절하게 거절도 하곤 해. 하지만 일부 상황에서는 좀 더 자신감을 가질 필요가 있어.
41~50점	자신의 감정을 잘 이해하고 표현할 수 있으며 상대방의 기분을 고려하면서도 자신의 입장을 확실히 지킬 수 있어. 자존감이 높으며 친구들과의 관계도 원만해.

친구들과 함께 지내다 보면 친구가 나에게 부탁을 하는 경우가 종종 있지. 가볍게 도와줄 수 있는 일이라면 사실 고민거리도 아닌데, 어떤 부탁들은 도와주기가 너무 힘들 때도 많잖아. 예를 들면 숙제나 과제를 대신 해달라고 하거나, 개인정보와 관련된 사적인 정보를 잠깐만 빌려달라면서 요구하는 경우 말이야. 자신이 싫어하는 다른 친구를 함께 괴롭히거나 무시하자고 부탁을 가장한 강요를 할 때도 있지. 이런 무례한 부

탁은 거절을 해야 하는데, 거절하게 되면 친구와 멀어질까 봐 혹은 친구가 감정이 상할까 봐 거절하지 못하고 울며 겨자 먹기로 부탁을 들어주는 경우가 있잖아. 그러다가 학폭처럼 나쁜 사건에 연루가 되는 경우도 종종 있고. 이렇게 거절하지 못하고 상대방의 부탁에 질질 끌려다니는 것은 장기적으로 보았을 때 별로 좋은 관계는 아니야. 무례한 요구를 계속하는 친구 때문에 마음이 굉장히 불편해질 수 있고, 가끔은 오히려 나를 이용하는 것 같은 생각이 들어서 배신감이 느껴지기도 하거든. 그리고 그런 무리한 부탁을 들어주면 상대방이 고마워할 거라 생각하지만, 처음에는 고마워하던 사람도 어느 순간부터는 그것을 당연하게 생각하기 시작해. 그러다 보면 나는 계속 그 관계가 불편해지게 되고 그런 마음이 조금씩 쌓이다 보면 좋은 관계로 계속 이어지기는 힘든 거야. 그러니 친구 간의 좋은 관계를 위해 거절을 잘하는 것은 무척 중요한 일이야. 가슴이 두근거려서 거절을 못 한다면 친구의 탓을 할 것도 없이 온전히 나의 문제이고, 평소에 나는 '친구의 부탁이나 요구가 싫을 때 나는 거절할 수 있는가?', '싫을 때 어떤 말로 대처해야 하는가?' 이런 질문의 답에 대해 고민해 봐야 해.

관계를 해치지 않는 다섯 가지 거절법

"나 다음 주에 중요한 발표가 있는데, 이번 주 토요일에 발표 PPT 준비하는 거 도와줄 수 있어?"

그럼 이제 거절하기 상황을 한번 구체적으로 떠올려보자. 친구에게서 다음 주에 중요한 발표가 있어서 이번 주 토요일에 발표 준비를 도와줄 수 있는지 부탁을 받았어. 이렇게 누군가가 나에게 부탁을 해온 때에는 상황을 잘 파악하고 이걸 내가 도와줄 수 있는 일인지 아닌지부터 생각해 봐야 해. 자신이 할 수 없는 일인데 무턱대고 수락하면 나중에 번복하기도 힘들고 나에게도 부담이 되거든. 물론 그렇다고 해서 무조건 거절하라는 말은 아니야. 일정도 가능하고 발표를 도와줄 수 있는 마음의 여유가 있다면, 도와주는 것도 친구 간의 관계에 필요하다고 생각해. 하지만 그렇지 않다면 어떻게 거절하는 게 좋을까?

첫째, 명확하고 간결하게 거절하기. 친구에게 거절하는 것이 미안한 마음에 불필요한 변명을 할 때도 있는데 이러면 상대방은 너의 상황을 오해할 수도 있어. "나도 도와주고 싶은데, 이번에는 좀 힘들 것 같아. 미안해."라고 최대한 간단하고 솔직한 이유를 전달하면 좋아. 공감하는 표현은 관계에 있어서 중요하지만, 상대에게 공감한다고 해서 거절할 수 없는 것은 아니지. 거절에 있어서는 자신의 감정을 정확하고 솔직하게 표현해야 오해를 불러일으키지 않을 수 있어.

둘째, 대안을 제시하기. 거절할 때 대안을 제시하면 좀 더 부드럽게 거절할 수 있어. "나도 이번 주말에 해야 할 과제가 많아서 도와주는 건 힘들겠어. 하지만 다음 주중에는 시간이 괜찮을 것 같아. 그때 도와줘도 될까?" 이렇게 말하면 상대방의 부탁에 예의를 지키면서 대안까지 제시하며 거절할 수 있지. 상대방은 이럴 때 거절을 불편하게 생각하지 않고 긍정적으로 받아들일 수 있어.

셋째, 가능한 부분까지만 명확하게 제안하기. 내가 도와줄 수 있는 부분에 대해서만 말해주는 게 좋아. "이번 주 토요일에는 점심에 약속이 있어서 힘든데, 오전에 2시간 정도는 시간이 될 것 같아." 이렇게 말하면 완벽한 거절처럼 느껴지지 않아서 상대방의 기분을 나쁘게 하지도 않을뿐더러 불필요한 요구를 쉽게 거절할 수 있기도 하거든.

넷째, 구체적인 이유 전달하기. 진심으로 도와주고 싶은데 정말 중요한 일정이나 사정이 있다면 그 이유에 대해 구체적으로 설명하는 것도 좋아. 가족 여행이 잡혀 있다든지, 중요한 시험을 앞두고 있다든지 말이야. 하지만 꼭 이유를 말해야 하는 상황이 아니라면 굳이 할 필요는 없어.

마지막으로 완곡한 표현 사용하기. '이번에는' 혹은 '지금은', '다음에는' 같은 거절에 도움이 되는 단어를 사용하는 거야. 이런 표현을 사용하게 되면 친구는 너의 거절을 일시적인 일로 받아들이게 돼. 사소한 표현만 바꿨을 뿐인데 거절하는 나의 부담도, 거절당하는 상대의 섭섭함도 줄일 수 있는 기술이지.

어렸을 때부터 친구들에게 굉장히 인기가 많고 친구 관계도 좋았던 친구가 있었어. 그 친구에게는 두드러진 특징이 있었는데 다른 사람의 말을 잘 들었고 하나 더, 거절을 잘했어. 자신이 확실히 도와줄 수 있는 것은 받아들였지만 그렇지 않은 일에 대해서는 깔끔하게 거절하면서 발을 들여놓지 않았지. 반면에 나는 누군가의 부탁에 어중간하게 오케이를 잘 외쳤어. 그게 좋은 관계를 위해서 꼭 필요한 태도라고 생각했거든. 하지만 시간이 지나면서 매번 마음속으로 '무슨 저런 부탁을 하지?', '이것까지 들어줘야 하나?'라고 불만을 품게 되더라.

내 친구처럼 친구 관계가 좋은 사람들은 다른 사람의 부탁을 모두 들어줄 것 같지만 사실 관계에 능숙한 사람일수록 들어주기 어려운 부탁은 더 단호하게 거절하는 것 같아. 지키지 못할 약속을 하지 않는 것이 장기적인 관계에 있어서 건강한 선택이라는 것을 알고 있기 때문이야. 그러니 어떤 부탁이 너무 과해서 혹은 내가 도와줄 능력이 되지 않아서 거절하는 것에 큰 부담을 가질 필요 없고 너무 미안해하지도 말자. 거절할 때 잘 거절하는 것이 좋은 친구 관계를 위해서도 필요하니까.

그리고 제안이나 부탁이 '감정'과 관련된 것이라면 더욱 더 신중하게 자신의 마음을 들여다보고 단호히 거절하는 연습이 필요해. 친구가 "나 너 좋아하는데 우리 사귀어 볼래?"라고 했다고 가정해 보자. 그 친구가 어렵게 나에게 고백을 했는데 내가 거절하면 미안한 마음이 들어서 혹은 거절하면 속상해할까 봐 "그래."라고 말하고 사귈 것은 아니잖아. 이럴 때일수록 "네가 그렇게 생각해줘서 고마운데 나는 그렇게 생각해 본 적이 없어. 난 너랑 지금처럼 친구로 편하게 지내는 게 더 좋아."라고 상대방이 무안해하지 않도록 돌려 말하거나 "나는 지금 공부해야 할 때라 누구를 사귀거나 할 마음의 여유가 없어. 미안."이라고 단호하게 말해도 좋아. 감정에 관련된 제안이나 부탁일수록 단호하게 표현해야 상대방이 나의 마음을 정확하게 읽을 수 있으니까.

칭찬은 친구를 춤추게 한다

친구의 말 한마디에 기분이 왔다 갔다 했던 기억 다들 있을 거야. 친구와의 대화에서 우리가 어떤 방식으로 대화를 하느냐에 따라서 상대방의 기분과 자존감에 긍정적이거나 부정적인 영향을 미칠 수 있어. 우리의 말하기는 단순한 의사소통의 수단을 넘어 친구의 마음을 빛나게 하거나 그늘지게 할 수 있는 강력한 도구거든. 무엇보다 친구와의 지속적인 대화가 이루어지기 위해서는 상대방이 자신의 가치를 느끼게 하고 자신감을 높일 수 있는 기술이 필요해. 그러려면 오른쪽 표와 같은 말하기 방식이 중요해.

남을 존중하는 말하기나, 상대방이 쉽게 대답할 수 있는 말하기, 상대방이 자신을 자랑할 수 있도록 유도하는 말하기는 그 효과를 살펴보면 재미있는 공통점을 발견할 수 있어. 상대방을 '더 잘할 수 있도록', '자존감을 높일 수 있도록', '자신의 가치를 느끼게 하는' 말하기 방식이라는 거야. 맞장구를 치는 것도 같은 맥락의 말하기야. 이런 식의 대화는 말을 하는 사람이 '내 이야기를 잘 들어주고 있구나'하는 만족감을 느끼게 돼. 무엇보다 자신이 높이 평가받고 있다는 사실을 인식하면서 굉장히 호의적으로 대화에 참여하게 되고, 이런 식으

말하기 방식	예시	효과
남을 존중하는 말하기	"너가 찾아준 조별과제 자료 정말 좋았어. 덕분에 보고서 내용이 더 풍부해진 것 같아. 다음엔 출처 부분을 조금 더 신경 써주면 완벽할 것 같아."	상대방의 긍정적인 면을 강조하면서 개선할 점을 부드럽게 제안하여 상대방이 <u>더 잘할 수 있도록 격려한다.</u>
상대방이 쉽게 대답할 수 있는 말하기(질문)	"최근에 본 영화 중에서 어떤 게 제일 재밌었어?" "너는 어떤 음악을 제일 좋아해?"	상대방이 자신의 경험이나 생각을 <u>쉽게 이야기할 수 있도록</u> 도와준다.
상대방이 자신을 자랑할 수 있도록 유도하는 말하기	"너 이번에 프로필 보니까 상탄 것 같은데 무슨 상이야?" "너 프로필에 큰 케이크 사진이 있던데 무슨 좋은 일이 있었어?"	상대방이 자신의 장점이나 성취를 이야기하도록 유도하며 <u>자존감을 높일 수 있도록</u> 한다.
칭찬하는 말하기	"너 아까 발표 너무 멋있었어. 준비 많이 했더라!" "와 이 그림 너무 잘 그렸어. 색도 밝고 예쁘다!"	상대방에게 긍정적인 피드백을 주고 <u>자존감을 높이는 데</u> 도움을 준다.
자존감이 올라가는 말하기	"너가 노력하는 모습을 보면 항상 본받고 싶어." "너는 나에게 항상 긍정적인 에너지를 줘. 너와 함께 있으면 기분이 좋아."	상대방이 <u>자신의 가치를</u> 느끼게 하고 자신감을 높이게 한다.

로 자기 중요감을 충족하게 되면 대화를 통해 관계를 좀 더 발전시켜나갈 수 있어. 그냥 단순하게, 내 단점을 캐물으며 나를 깎아내리는 사람과 대화하고 싶을지 아니면 내가 하고 싶은 이야기들을 할 수 있도록 배려해주는 사람과 대화하고 싶을지 생각해 보면 돼. 평범하고 내성적인 벤저민 프랭클린(Benjamin Franklin)을 탁월한 외교가로 만든 생활 철학이 뭐였는지 알아? 바로 다른 사람의 단점은 절대 끄집어내지 않고 장점만을 부각시킨 것이었다고 해.

개인주의가 심하고 변화가 빠른 현대 사회에서는 친구 간의 관계를 맺기도 지속하기도 힘들어. 하지만 타인을 빛나게 만드는 말하기 기술과 함께라면 다를 거야. 주변 사람들을 기분 좋게 만들고 대화 상대를 엄청 매력적인 사람으로 돋보이게 할 수 있으니까.

유머에도 선이 있다

유머러스한 친구는 인기가 많고 주변에 항상 친구들이 모여 있지 않니? 웃음은 긴장을 풀어주고 편안한 분위기를 만드니 덩달아 그 친구와의 시간이 좋게 기억되기 때문이겠지. 게다가 지루한 상황에서 집중하게 만들고, 웃음을 나눌 때 사람들은 더 친해지게 돼. 그래서 친구들과 즐겁게 대화를 하기 위해 재치있고 적절한 유머는 꼭 필요해. 하지만 상황과 상대방을 잘 고려하지 못하면 안 하느니만 못한 효과를 가져올 수 있어. 넘으면 안 되는 선을 스스로 파악할 수 있는 눈치도 있어야 하고, 트렌드에도 민감하게 반응해야 하기 때문에 나름의 기술이 필요해. 어떤 친구들은 다른 사람을 비난하거나 깔아 내리고, 비속어나 은어를 유머라며 대화에 집어넣기도 하는데 이런 유머는 모두를 불편하게 만드는 함정이 될 수 있어.

예를 들어, 인종 차별이나 성차별 등을 소재로 한 개그를 생각해 봐. 사람들을 웃기기 위한 목적이었지만 개그의 대상이 된 당사자의 입장이 되어보면 그렇게 기분 좋은 상황은 아니지. 한 유튜버와 개그우먼이 방송에서 필리핀 결혼이주여성 캐릭터를 흉내낸 적이 있었어. 필리핀 사람 특유의 어눌한 한국 말투를 흉내 내면서 재미있는 분위기를 연출하려고 했지만, 풍자나 블랙코미디가 아닌 조롱일 뿐이라는 비판이 계속되었지. 이게 왜 문제가 될까? 대화에서 타인을 비교 대상으로 삼아 자신의 우월성을 확인하기 때문이야. 그렇기에 누군가를 비난하고 비하하면서 상황을 말랑말랑하게 만들려는 유머는 최악일 수밖에 없고 사람들이 처음에는 그저 신선한 느낌에 반응했을지 몰라도 어느 순간부터는 불쾌함을 느끼게

선 넘는 유머의 언어		
비속어로 웃기고 관심을 끌겠다고 매체에 알려진 말들	시발(始發)카드	처음으로 사회생활에 발을 내딛은 초년생을 위한 카드
	존맛탱	매우 맛있음을 뜻하는 '존맛'에 강조하는 의미로 '탱'을 붙인 것
	개운해 시바 눈부시다 시바	시바견 캐릭터가 모델로 나온 구강 청결제 광고
	식빵 언니	2016년 브라질 리우 올림픽 배구 한일전에서 우리나라 선수가 경기 도중에 화를 참지 못하고 욕을 뱉는 장면을 계기로 만든 식빵 신제품

되니까 조심해야 해.

"이거 개쩔어."나 "그거 존맛."과 같은 비속어나 은어로 관심을 끌며 말하는 것은 어떨까? 친구들과 대화할 때 서로 간의 친밀함을 보여주기 위해 이런 말들을 많이 사용하고 있잖아. 친구들이 웃거나 떠들면 이 상황을 좋아하고 있다고 생각할 수 있는데 그건 어쩌면 착각일지도 몰라. 입에 욕을 달고 살거나 은어로 부정적 감정을 양산하는 친구들을 떠올려 봐. 좋아 보일까? 멋져 보일까? 재밌어 보일까? 아니! 웃자고 하는 말에 왜 다큐로 반응하냐며 발끈하는 친구들도 있겠지만 대놓고 말하지는 않아도 때론 눈살이 찌푸려지고 불편함을 느낀

선 넘지 않는 유머의 언어		
언어유희와 유머를 적용해 선 넘지 않는 웃음을 찾은 말들	먹을까 말까 할 때 먹어라. 다이어트는 포샵으로 오늘 먹을 치킨을 내일로 미루지 말자.	배달 어플 광고
	너무 맛있어서 기가 막히아또	카페 메뉴 (마키아또) 광고
	효도의 완성은 현금	어버이날 재치있는 문구
	남자친구 바뀌신 분도 안심하고 들어오세요. 모른 척해 드립니다.	액세서리 전문점
	소고기 사주는 사람을 주의하세요. 대가 없는 소고기는 없습니다. 순수한 마음은 돼지고기까지예요.	고깃집 명언
	우울한 날 추천해 줄 좋은 곡이 있을까요? 그럴 때는 소곡이나 돼지곡이 좋습니다. 기분이 저기압일 땐 반드시 고기 앞으로 가라!	고깃집 홍보 문구

적 다들 있을 거야.

유머(humor)란 익살, 해학, 기분, 인간의 행동, 언어, 문장이 갖는 웃음이라는 뜻이라고 해. 우리는 다른 사람을 무시하거나 비하하는 것이 재미있다고 생각하지만 그런 것들 말고도 앞의 표에서처럼 언어유희와 유머를 적용해서 선 넘지 않는 웃음을 찾을 수 있다는 걸 기억해. 상황과 상대방을 잘 고려한 유머는 적절하게 사용하면 더 좋은 대화가 될 수 있다는 것도.

섣부른 조언은 독!

미혜 : 수학 시험공부하고 있는데 정말 하나도 모르겠어. 답안지 봐도 모르겠고. 어떡하지?

호석 : 나도 예전에 그랬던 적이 있는데, 그냥 더 열심히 해보면 되지 않을까?

미혜 : 응, 나도 열심히 하고는 있는데, 문제 이해가 잘 안 돼.

호석 : 그럼 쉬는 시간에 수학 선생님께 가서 물어보는 건 어때? 선생님이 잘 설명해 주실 거야.

미혜 : 너한테는 쉬울지 모르겠지만 나는 선생님한테 가서 1:1로 질문하는 건 부끄러워.

호석 : 아, 나는 그냥 내가 했을 때 좋은 방법이어서 말한 건데. 용기를 내보는 건 어때?

미혜 : 용기를 못 내니까 이렇게 고민하고 있는 거잖아.

호석 : 아니, 이렇게 말하면 이래서 안 된다, 저렇게 말하면 저래서 안 된다. 도대체 나한테 어떻게 하라는 거야?

미혜 : 나도 답답한데 너는 네 입장에서만 말을 하잖아! 말이 안 통해.

미혜와 호석이의 대화는 흔히 친구 사이에서 일어나는 상황이야. 누군가 고민을 털어놓을 때 우리는 종종 본능적으로 조언을 하려고 하지. 그게 친구를 위한 행동이란 생각도 들고 말이야. 하지만 조언이 잘못 전달되면 오히려 상대방이 마음의 문을 닫거나 대화가 다툼으로 번질 수 있어. 그럼 이런 상황에선 어떻게 말하면 좋을까?

첫째, 친구가 나에게 고민을 털어놓는 대화가 시작되었다면 조언하기 전에 먼저 들어주자. 친구가 처한 상황이나 감정을 이해하고 공감해 주는 것이 먼저여야 누구도 상처받지 않을 수 있어.

둘째, '나라면 이렇게 할 거야.' 대신 '너는 어떤 기분일까?'를 생각하는 거야. 이런 태도는 '너의 관점으로 보려고 노력 중이야.', '네가 무슨 말을 하는지 알아.' 이런 무언의 공감을 보여주거든. 공감만 해줘도 상대방은 안도감을 느끼게 돼. 이렇게 옆에서 그 친구의 감정을 살피면서 친구 스스로가 자신의 감정을 좀 더 깊이 이해할 수 있도록 돕는 거지.

셋째, 조언보다는 격려를 해주는 거야. 조언의 밑바탕에는 늘 자기중심적인 관점이 들어있거든. 객관적인 해결책이나 조언을 원했더라면 친구는 나 대신 지식인이나 커뮤니티에 자신의 이야기를 올렸을 거야. 물론 친구가 이야기를 꺼낼 때 조언이나 충고를 해주고 싶은 마음이 들 때가 많지. 정말 도와주고 싶은 순수한 마음에 말이야. 하지만 이런 상황에서는 이성적인 대책보다는 격려의 말이나 눈빛, 태도 자체가 조언이라고 생각해 보면 좋겠어.

넷째, 조언을 해야 한다면 상대방에게 허락을 먼저 구하자. "내 상황이라면 어떻게 했을지 말해볼까?"처럼 친구에게 먼저 조언에 대한 의견을 구하는 거야. 물론 조언이라는 게 상대방을 돕고 싶다는 마음의 동기에서부터 시작되지만 인간은 자신의 경험이 전부라고 생각하고 자기만의 관점으로 세상을 보기 마련이거든. 나의 생각과 입장이, 다른 사람에게도 그대로 적용되는 것은 아니니까 오해가 생기지 않게 미리 친구에게 양해를 구해보면 좋겠어.

어떻게 말해야 할까?

①

설아 : 나 다음 주에 댄스동아리 공연 때문에 다이어
트 시작했는데, 벌써 배고파서 큰일이야.

지민 : 뭐? 그럼 너 오늘 급식 안 먹을 거야?

설아 : 나 다이어트 한다니까? 당연히 안 먹지.

지민 : 그럼 난 점심 누구랑 먹어? 혼자 가기 싫은데.

설아 : 급식실 가면 음식 냄새 때문에 더 배고파진단
말이야. 이번 주만 너 혼자 가. 아니면 다른 애
들이랑 같이 먹으면 되잖아.

지민 : (기분이 상해서) 야. 일주일 다이어트 한다고
살 안 빠져. 그냥 먹어.

설아 : (덩달아 기분이 상해서) 그러는 너는 나 말고는
같이 밥 먹을 친구도 없냐?

지민 : 뭐? 너 말 다 했어?

설아와 지민이는 어떻게 대화하는 게 좋았을까?

②

지훈 : 어제 게임 완전 개쩔었어. 상대팀 다 발라버리
고….

수지 : (속으로) 또 이런 말이네… 듣기 좀 거슬리는
데, 괜히 말하면 분위기 깨려나? (겉으로는 별
말 없이 넘어감)

민호 : (웃으며) 그니까 상대팀 긁혀서 발작하는 거
보니까 그거 생각나더라. "○○가 ××해서 개
오지쥬~".

지훈 : (웃으며) 완전 인정. 그거 개레전드였지.
(대화는 계속되지만, 수지는 불편해서 조용히 자리
를 뜬다.)

지훈 : 어? 김수지 어디 가?

지훈이와 민호의 어떤 말하기 때문에 수지가 자리
를 떠난 걸까?

9장

하고 싶은 말,
다 못 한 것 같아

-

선생님께 당당하고 예의 있게 말하는 법

====== 평소에 친구들이나 부모님과 대화를 하고 있다고 생각하기 쉽지만 잘 떠올려 보면 우리는 사실 더 많은 사람들과 교류하고 있어. 집에서 나설 때 경비 아저씨를 만나고, 등교해서는 선생님을 만나고, 점심시간에는 영양 선생님을 만나. 방과 후엔 어때? 학원에 가는 길에 분식점 사장님을 만나기도 하고, 카페에 들러서는 대학생 알바생 형/오빠나 누나/언니를 만나기도 하지. 학원에서는 학원 선생님을 만나고. 은근히 많은 어른들과 일상을 함께 하고 있지만, 말을 나눠 보지도 않고 어른들은 꼰대라는 편견을 가지고 소통을 거부하는 친구들도 많더라. 그런데 지금이야 친구들하고만 말하고 잘 지내면 될 것 같지만 학교를 졸업해 사회에 나가게 되면 자연스럽게 내 또래가 아닌 사람들과의 관계 형성이 중요해질 거야. 그러니 일상에서 어른들과 말할 때의 기술에 대해 미리 생각하고 행동으로 실천한다면 좋은 예행연습이 되겠지?

기본 매너, 예의 지키기

꼰대는 자신의 경험에 기반해 후배 세대를 판단하거나 권위적인 태도를 바탕으로 자기 생각만 옳다고 주장하는 사람을 말해. 보통 나이가 든 사람이나 선생님을 부정적으로 표현할 때 사용하는데 자신들의 가치관을 다른 사람에게 강요하기도 하고, 타인의 의견을 잘 듣지 않는다는 특징이 있어. "나 때는 말이지~"라며 라떼 이야기하는 것을 즐기고 남의 말을 듣기보다는 하는 것을 좋아하는데 그것도 아주 길~게 하는 경향이 있지. 사실 이러한 성향은 자라온 환경과도 밀접한 관련이 있어. 스마트폰이나 인터넷이 없던 시절을 자라온 어른들은 지금의 기술이나 문화에 대해 잘 이해하지 못할 때가 많기에 자신이 아는 방식으로 조언을 하려고 하지. 또 어른들은 사회에서 기대하는 역할을 잘 수행하는 것이 최고라고 배워왔기 때문에 그런 역할이나 모습을 다른 사람에게도 요구하는 거야. 이런 모습이 너희들에게는 꼰대처럼 보일 수 있겠지만 그렇다고 어른들을 무조건 배척하는 건 좋지 않아. 그들의 경험과 시각을 존중하고 이해하는 태도를 가지면, 세대 차이를 넘어 더 깊이 있는 대화를 나눌 수 있거든. 그럼 어떻게 하면 어른들과 자연스럽게 소통할 수 있을까?

첫째, 어른을 만났을 때 말하기의 기본은 인사. "안녕하세요?", "잘 지내셨어요?", "오늘 날씨가 무척 춥네요." 안부를 묻는 인사는 상대방과 내가 이야기를 할 준비가 되었다는 신호이기도 하거든. 어른들은 상대가 인사를 제대로 하지 않을 때, 존중받지 못한다고 오해하기도 하니까 인사는 기본적인 대화라고 생각하면 좋겠어. 물론 간혹 어른을 만나면 그 상황에서 무슨 말을 어떻게 해야 할지 모르겠다고 답답함을 토로하는 경우도 있던데, 아래의 상황에 따른 인사말을 확인해 보면 상황을 머릿속으로 떠올리면서 연습해 보면 좋아.

상황에 따른 인사말

상황	인사말
정중하게 인사하기	안녕하세요? 오늘도 수고 많으세요!
질문할 때 예의 있게 요청하기	실례하지만, 뭐 좀 여쭤봐도(물어봐도) 될까요?
도움을 받았을 때 감사한 마음 전하기	도와주셔서 정말 감사합니다.
부탁할 때 정중하게 요청하기	혹시 가능하실까요?
상대방의 배려에 감사함 표현하기	이해해 주셔서 감사합니다.
예의 있게 부탁할 때	이거 하나 더 주실 수 있을까요?
음식점이나 급식을 먹고 나서 정중하게 인사	맛있게 잘 먹었습니다.

둘째, 마음속 깊이 상대방에 대한 존중감을 표현하는 태도로 말하기. 공손히 두 손을 가지런히 모으고 서서 말하라는 의미가 아니라 어른을 대하는 마음부터 먼저 생각해야 한다는 거야. 말하기는 그냥 기술이 아니라 마음을 전하는 수단이기 때문에 '아 꼰대랑 말하기 싫어.', '잔소리 진짜 짜증나!', '또 시작이네.' 와 같이 나의 마음과 감정이 누군가를 무시하고 있다면 그런 것들이 나도 모르는 사이에 상대에게 전달될 수 있어. 어른들의 의견이나 조언을 경청하고 자신의 생각을 표현할 때에도 상대방의 입장을 항상 생각해야 하며 예의를 지켜야 해. 또 어른들과의 대화에서 고개를 숙이고 있거나 하품하기, 건성으로 듣는 태도나 눈을 바라보지 않고 삐딱하게 서 있는 모습은 어른들도 대화를 나누기 이전부터 너희들에 대한 선입견을 갖게 하거든.

　셋째, 존댓말 사용하기. 어른과 대화할 땐 존댓말을 사용해야 해. 간혹 친근함의 표시라며 어른들에게 반말을 하는 경우도 있는데 그것은 친구나 또래의 이야기이지. 자유분방함과 무례함을 구분하지 못하면 어른들에게 오해를 받게 될 거야. 근처 분식점에 가서 "떡볶이 1인분!"이라고 말한다거나 경비 아저씨한테 "아저씨가 뭘 안다고!"라고 말하는 것은 기본 예의에서 벗어난다고 볼 수 있지. 그보다는 주문할 땐 "떡볶이 1

인분 주세요.", 경비 아저씨께는 "감사합니다."라고 인사하는 습관을 길러보자. 대화 상대방이 나보다 나이가 많거나 경험이 많다는 것을 인식하고 그에 맞는 존중의 표현인 존댓말을 꼭 사용하며 최소한의 예의를 지켜야 해.

마지막으로 영혼 없는 대답은 금물. 꼭 대화에서 "네네" 무미건조한 대답은 할 필요는 없어. 그것이 잘 듣고 있다는 표현은 아니거든. 그런 영혼 없는 대답이 어쩌면 더 예의 없게 보일 수도 있어. 게다가 무조건 어른들의 이야기를 수용할 필요는 없어. 너의 의견 또한 정말 중요한 거니까 어른들과의 대화에서 언제나 대답이 '예스'일 필요는 없다는 것도 기억해. 눈을 마주치고 너의 의견을 진술하고 예의 있게 잘 피력하는 것도 서로 간의 예의이기도 해.

저는 공손하게 말했는데요?

점심 시간이었어. 한 선생님이 굉장히 화가 난 채 도서관으로 오셔서 도서부 학생을 찾으시더라고. 어찌된 영문인지 몰라서 자초지종을 물어도 선생님은 '그 예의 없는 도서부' 학생만 열심히 찾으시는 거야. 알고 보니 문제의 발단은 바로 '노 룩 패스(no look pass_농구에서 상대 수비를 속이기 위해 다른 방향을 보면서 하는 패스를 의미하지만, 여기에서는 상대방을 쳐다보지도 않고 무시하는 태도를 의미한다)'였어.

우리 학교 도서부 학생들은 요일별로 봉사 당번이 있어. 그래서 그 당번 요일에는 급식줄을 따로 서지 않고 자신의 요일이 적혀있는 도서부 봉사 요일 카드를 선생님께 보여주기만 하면 프리패스처럼 일찍 점심을 먹을 수 있었지. 당시는 코로나 때문에 학교식당 좌석을 한 칸씩 띄어 앉아야 해서 급식소가 너무 혼잡했는데 문제의 그 학생이 앞에서 급식지도를 하고 계시는 선생님을 노룩패스 한 채, 자기 맘대로 식당으로 들어가 자리에 앉았던 거야. 선생님은 그 학생을 불러서 왜 줄을 서지 않고 그냥 들어가느냐고 물었는데, 그 학생은 선생님의 질문에 대답도 제대로 하지 않은 채 '도서부 봉사 요일 카드'를 내밀었대. 마치 암행어사의 마패처럼. 다른 선생님이 그 학생의 태도를 보고는 다시 불러 세워서 사정을 자세히 물었는데 그 학생에게 돌아온 것은 비속어가 섞인 짜증과 공손하지 않은 태도였어. 결국 이 사건으로 이유를 막론하고 학교의 규칙을 지키지 않으면 안 된다는 여론이 생겼고, 결국 도서부에게 주어졌던 급식 우선권 제도는 학교에서 영영 사라지게 되었지. 하지만 그 학생은 끝까지 자신의 억울함만을 호소하더라. "제가 뭘 잘못했나요? 저는 공손하게 말했다고요!"

이러한 오해에는 여러 가지 정황이 겹쳐 있었어. 선생님을 보고서도 인사 한마디 없이 무시하고 지나간 것부터 시작해서 불러 세웠을 때 상황에 대한 어떤 설명도 없이 당연한 듯 내미는 카드와 비아냥대는 태도. 선생님으로서는 황당하기 그지없었을 거야. 만약 그 상황에서 이렇게 말했으면 어땠을까? "선생님, 저는 도서부인데요, 오늘 도서관 봉사활동 하는 당번날이라서 줄을 서지 않고 그냥 자리에 앉았거든요. 혹시 저도 줄을 서야 할까요?" 그랬다면 담당 선생님께서는 "다음 번에는 선생님에게 말을 하고 카드를 정확하게 보여주면서 설명하고 지나가면 좋겠어." 라고 말해주시지 않았을까? 인사의 부재로 시작해서 당연하다는 태도나 혼잣말이라고는 하지만 비속어가 섞인 짜증 등은 이 사건의 도화선이 되었고 모두가 화가 나는 결말을 맞이하게 된 거야. 사건 이후 그 학생은 내게 와서 자신은 공손하게 행동했다며 재차 억울함을 호소했지만 서로 간의 대화에서 온도 차가 발생했다면 나의 태도가 어땠는지를 한번 돌아보아야 해. 뭐가 잘못된 행동이었는지를 확인하고 기억해야 다른 사람과의 대화에서도 오해를 낳지 않을 수 있을 거야.

부탁하고 요청할 때 꼭 기억할 두 가지

우리 학교에서는 보통 학기 말에 자신의 생활기록부가 잘 기록되었는지, 오타는 없는지 점검하는 차원에서 개인의 생활기록부를 인쇄해서 나눠줘. 내용 수정을 위한 것이 아니라 순전히 잘못된 내용을 점검하는 차원으로 나눠주는 것인데, 자기 생활기록부에 수업 시간에 했던 활동이 기록이 잘 안 되어 있다고 생각했는지, 한 학생이 나에게 이런 이메일을 보냈어.

> 선생님, 3학년 2반 *** 입니다.
> 생기부 독서시간 세특에 써주신 내용 외부에서 컨설팅을 받아왔는데 수정 부탁드려요.
> 그럼 월요일에 뵐게요.
>
> [첨부] 컨설팅 자료

메일을 보자마자 여러 가지로 정말 깜짝 놀랐어. 첫째로 인사 한마디 없이 자기 이름을 밝히더라. 어디에서든 말하기의 기본은 인사라고 했잖아. 지나가며 누구에게 말을 걸 때에도 누군가를 잠시 만났을 때도, 중요한 자리에 갔을 때도 가장 기본이 되는 행동이거든. 그런 기본이 되지 않으면 사람들은 그 사람에 대해 좋은 인상을 가지기 힘들어. 두 번째 황당했던 것은 부탁해야 하는 상황에서 명령처럼 말하는 워딩이었어. 생기부 기록은 담당 선생님만의 고유 권한이야. 그것이 누군가의 부탁이나 압박으로 선생님이 특정 학생의 내용을 고쳐준다면 그것은 생기부 조작이고 입시 비리나 마찬가지. 그런데 자신은 외부 컨설팅을 받아왔으니 당연히 수정해 줘야 한다는 '지시'처럼 들리는 메일을 보면서 동공지진이 일었지. 첨부 문서를 열어봤더니 아니나 다를까 내가 써준 생기부 내용을 어렸을 때 글짓기 첨삭 받았을 때처럼 빨간펜으로 열심히 누군가가 고쳐놓았더라고. 한참 동안 메일에 써진 몇 글자만을 멍하니 응시하고 있었던 기억이 나.

물론 그 학생도 나쁜 의도는 아니었을 거라고 생각해. 자신이 필요한 부분을 빨리 어필하고자 하다 보니 그 과정이나 태도에 대해 깊이 생각하지 못했을 거야. 하지만 그 학생의 의도와 말이 한 방향을 달려가지 못한다면 얻고자 하는 것을 못 얻을 확률이 크지. 이렇게 주변 어른에게 무언가를 요청해야 하는 상황에서는 어떻게 행동하는 게 좋을까?

첫째, 중요한 사안일 땐 직접 찾아뵙고 사정 설명하기. 내가 상대방에게 부탁해야 하거나 그것이 굉장히 중요한 내용이라는 생각이 들면 직접 찾아가 얼굴을 보고 말하는 게 기본적 예의야. 이미 이메일로 보내는 것부터가 잘못된 거지. 보통은 말하면 눈앞에서 거절당할까 봐 두려워서, 혹은 말을 잘못해서 오해가 생길까 봐 이렇게 텍스트로 대신할 때도 있는데, 어떤 글로 포장하든 직접 만나 이야기하는 것보다는 나은 결과를 얻기는 어려울 거야. 그러니 좀 어렵더라도 중요한 이야기는 꼭 직접 찾아가서 이야기를 해야 내 진심을 그대로 전할 수 있어. 유창하지 않은 서툰 말이라도 진심이 전해진다면 상대방의 마음이 움직일 수 있거든. 그리고 대면했을 때 요청하는 사안과 이유, 방향 등을 찬찬히 정확하게 설명하는 게 필요해.

둘째, 만약에 꼭 문자나 메일로 설명해야 한다면 형식을 지켜서 글쓰기. 짧은 말 한마디로도 많은 오해가 생길 수 있잖아. 그러니까 그 상황에 대해 상세히 설명해야 하는 거지. 긴 글을 원하는 것이 아니라 예의를 지킨 텍스트 메시지를 말하는 거야.

권희린 선생님께

선생님, 안녕하세요? 저는 3학년 2반 ***입니다. 제가 급하게 선생님께 드릴 말씀이 있는데 연락처를 잘 몰라 같은 반 친구 ***에게 물어 선생님 이메일 주소를 받아

왔습니다. 이렇게 주말에 쉬시는데 갑작스럽게 메일을 드려서 죄송해요.

지난주에 담임 선생님께서 나눠주신 생활기록부에서 독서시간 세특에 써주신 내용을 보았어요. 저의 진로에 맞게 탐구 내용들을 꼼꼼하게 기재해 주셔서 정말 감사합니다. 그런데 제가 처음에 선생님이 조사하셨을 때에는 '경영' 쪽 진로를 생각하고 있었는데, 구체적인 학과 진로를 정하면서 '경제'로 바뀌게 되었어요. 그래서 세특에 써주신 내용 가운데 '경영'과 관련된 내용은 지우는 게 저에게 더 좋을 것 같다는 생각이 들더라고요. 혹시 이 부분을 삭제하고 제가 했던 활동을 경제 쪽으로 연결해서 다시 한 번 수정해 주실 수 있을까요? 바쁘시겠지만 꼭 한 번 고려해 주셨으면 좋겠습니다. 그럼 잘 부탁드리겠습니다. 감사합니다.

3학년 2반 *** 올림

네가 선생님이라고 생각하고 이런 메일을 받는다면 어떻게 할 것 같아? 조금 더 긍정적으로 생각해 볼 수 있을 것 같지 않아? 이렇게 무조건 너의 목적을 말하기 이전에 상대방에게 예의를 지키고 상대방의 상황을 배려하는 말하기가 선행된다면 어떤 부탁이나 제안도 좀 더 성공적으로 해볼 수 있지 않을까? 그리고 그런 예의의 기술이 항상 몸에 배어있다면 어떤 주제로 어떤 어른들과 이야기한다고 하더라도 주눅 들지 않고 자신 있게 너의 생각을 말할 수 있게 될 것이고 호응도 얻을 수 있을 거야.

고등학교 졸업 후에 대학교에 가면 성적 정정 요청이나 과제 제출 기한 연장 등을 여쭙기 위해 교수님한테 연락하거나 직접 소통을 해야 하는 상황이 올 거야. 그때에도 오늘 배운 말하기 기술을 잊지 말고 상대방을 존중하고 배려하며 말한다면 큰 어려움 없이 그 상황들을 쉽게 헤쳐나갈 수 있을 거라고 생각해.

매년 열리는 국제도서전에 학생들과 견학을 갔을 때였어. 이동 거리도 길고 날씨가 너무 더웠던 터라 모두가 예민해져 있었지. 나는 스무 명이 넘는 학생들을 데리고 근처에 있는 카페로 가서 학생들에게 마시고 싶은 것을 하나씩 고르라고 선심을 썼어. 그런데 한 학생이 그러는 거야. "별다방에서 사주시면 안 돼요?" 말만 공손하게 했지, 뭔가 강도가 따로 없다는 생각이 들 즈음, 옆에서 다른 아이가 들릴 듯 말 듯 말하는 것을 듣고야 말았어. "여기서 제일 비싼 걸로 먹어야지!" 솔직히 마음속으로는 그렇게 생각했을 수도 있다고 생각해. 더 좋은 곳에서 더 비싼 것 먹고 싶을 수도 있는 거니까. 그런데 그 상황에서 꼭 그런 이야기를 내 앞에서 해야만 했을까에 대해 생각했지. 모든 것을 당연하게 생각하는 몇몇 학생들을 보면서 하루 종일 속상함을 느낄 수밖에 없었어. 이런 모습을 너희들은 솔직하고 개성이 있다고 말하기도 하던데, 결국 학생들의 태도가 버릇없이 느껴졌던 나는 그 학생들과는 두 번 다시 카페에 가서 '내돈내산'으로 무언가를 주는 걸 포기했지. 뭐 사실 이뿐만일까? 동아리 학생들 한 학기 수고했다고 피자를 시켰더니 그 피자가 브랜드 피자인지 프리미엄 피자인지를 따져 묻는 바람에 그 이후에 피자 시키는 것도 포기했어.

어른과의 말하기에서는 지금 말하고 있는 상황에서 내가 이런 말을 해도 되는지 스스로에게 다시 한번 물어보는 것, 상대방의 입장을 다시 한번 생각해 보며 예의 있게 행동하는 것이 가장 중요하다는 걸 잊지 마. 분위기를 유연하게 만들어보려던 한마디가 버릇없는 한마디로 전락할 수 있으니까. 어른과의 대화에서 가장 중요한 것은 역지사지! 어른의 입장이 되어 생각해 보면 바로 답이 나오지 않을까?

어떻게 말해야 할까?

(갑자기 중요한 학교 일정이 생겨 학원 수업을 하루 조정해야 하는 상황)

철수 : 선생님, 저 내일 수업 못 가요. 그냥 다음 주로 옮겨주세요.

학원 선생님 : 일정이 꽉 차 있는데, 그냥 못 오는 건 곤란해.

철수 : 어쩔 수 없잖아요. 다음 주로 옮겨주세요!

학원 선생님 : ….

철수는 학원 선생님께 어떻게 말씀을 드려야 할까?

아싸는 모르는 인싸의 말비책 ③

긍정은 전염성이 있지

주변의 인싸들을 떠올려 봐. 대부분 표정이 좋고 긍정적인 태도로 사람들과 소통한다는 것을 느낄 수 있어. 대화의 분위기를 밝게 만드는 것은 재치있는 말솜씨라고 생각할 수도 있겠지만 대개는 긍정적인 분위기와 에너지 덕분이지. 친구가 자신의 취미에 대해 이야기할 때 "뭐야, 별거 아니잖아."라고 말하기보다 "그거 정말 재미있겠다. 어떻게 시작하게 됐어?"라고 묻는다면 친구는 인싸 친구와 대화를 계속해서 하고 싶어지겠지. 긍정적인 분위기와 태도가 대화를 더욱 풍부하게 만드는 거야. 힘든 일이 있는 친구에게도 "다른 애들도 다 하는 걸 왜 이렇게 인상을 구기고 있어?"라고 말하기보다는 "힘든 일이 있구나. 하지만 너는 항상 잘 이겨내잖아. 혹시 내가 도울 일이 있으면 알려줘. 함께 이겨내 보자."라고 말한다면 어떨까? 긍정적인 에너지를 줌으로써 친구는 위로를 받고 기분이 나아질 수 있지. 하지만 부정적으로 말하는 사람들과는 다음번에 대화하고 싶지 않다는 생각이 들어. 친구가 시험 성적이 떨어졌을 때 "너 이번에 시험 준비 안 했어?"라고 말한다고 생각해 봐. 친구는 상처 받고 자신감을 잃겠지. 또, 게임을 하고 있는데 "이 게임 진짜 재미없어."라고 말하면 다른 친구들도 기분이 나빠지고 대화가 끊길 거야.

사람의 뇌는 부정의 개념을 이해하지 못한대. 누군가가 네게 "코끼리를 생각하지 마!"라고 말했다고 해보자. 어때? 지금 갑자기 네 머릿속에 코끼리가 떠오르지 않았어? 뇌에게는 뭘 하지 말라고 할 수가 없대. 하지 말라고 말하면 오히려 강조하는 효과가 난다는 거야. 그래서 모든 말도 긍정형으로 바꾸는 게 중요하대. 사람에게 하기를 원하는 바를 말해야 한다는 거야. 파일럿은 이걸 잘 알고 있어서 장애물이 나타나면 마음속으로 '저 장애물에 가서 박으면 안 돼.'라고 생각하지 않는대. 그러면 장애물만 눈에 보이게 되니까. 스키선수들도 이 사실을 너무나 잘 알고 있대. '나무에 부딪치면 안 돼.'라고 하는 순간 나무들만 보이고 저 많은 나무들을 어떻게 피해야 하나 그러다가 부딪힌다는 것을. 대신 '눈길을 따라가'라고 생각하면 눈길만 보이기 때문에 나무 사이가 넓다는 걸, 눈 쌓인 길이 충분하다는 것을 인식한다는 거야. 그래서 일상에서도 장애물만 집중하면 장애물만 보이고, 나무 사이길만 집중하면 나무 사이에 길만 보이게 된대. '내가 또 이럴 줄 알았어.', '이번 생은 망했어.', '나는 할 줄 아는 게 없어.', '나를 좋아하는 사람은 없어.' 이런 부정적인 말 자체가 신체적 감정적 스트레스를 주게 되고 부정적인 상황만 머릿속에 떠오르게 하면서 뇌를 멈추게 하는 것과 마찬가지 이야기야. 우리가 말을 하려는 순간부터 뇌에서는 그 말을 이미지화하기 때문에 부정적으로 말하는 대로 뇌는 행동하게 돼. 잘 생각해 봐. "진짜 짜증나!"라고 말하면 짜증이 바로 나는 느낌이 들지 않아? "피곤해!"라고 말하면 괜히 피곤한 느낌이 들고 말이지. 그리고 나뿐만 아니라 상대방에게도 이런 부정적 기운을 주다 보니 친구들도 부정적인 말을 꺼내는 사람과는 대화하고 싶지 않아지지.

그럼 긍정적인 말은 어떻게 하면 배울 수 있을까? 바로 내 마음이 긍정적이면 돼. 긍정적인 마음을 연습하는 거야. "휴 이번 시험에서 또 실수해서 점수가 떨어졌네."라고 나에게 말할 것을 "이번 시험에서 부족한 부분을 알게 되었네. 다음번엔 더 잘할 수 있겠는데?"라고 말하고, 축구 경기에서 "우리 팀은 맨날 져. 진짜 되는 게 없다."라는 말 대신 "이번 경기는 졌지만 팀워크를 더 다질 수 있었던 것 같아. 다음에는 더 잘할 수 있을 거야."라고 말하는 거지. 이렇게 부정적인 상황을 긍정적으로 바라보다 보면 마음이 한결 가벼워지는 것은 물론이요, 내가 일상을 대하는 태도도 긍정적으로 바뀌게 되고 자존감도 올라가. 뭐든 관점의 차이니까. 그렇게 긍정적인 태도를 가지고 있으면 친구들과의 대화에서 긍정적인 에너지를 주기 때문에 친구들은 너와 이야기를 하고 싶을 거야. 그렇기 때문에 다른 사람에게 긍정의 말을 하기 이전에 나 스스로에게 긍정의 말을 하는 연습을 해보자. 그러면 어느 순간 너는 주위의 분위기를 밝게 만드는 인싸가 되어 있을지도 몰라.

4교시

어떤 상황에서도 통하는 세 가지 말하기 스킬

10장

실수해도 괜찮아, 자신 있게!

–

잘하고 싶은 마음, 떨지 않고 말하기
#발표력

═════ 신언서판이라는 말 들어봤어? 중국 당나라 때 관리를 등용하는 시험에서 인물평가의 기준으로 삼았던 신[몸가짐, 身]·언[언변, 言]·서[글씨, 書]·판[판단력, 判]의 네 가지를 이르는 말을 의미하는데 그 당시에는 바른 자세와 단정한 옷차림, 공경하고 부드러운 말씨, 단아하고 선비의 인격을 보여주는 글씨, 사리에 어긋남이 없이 처신하는 판단력 등 이 네 가지 모습과 행동이 갖추어졌을 때 사람들로부터 존경을 받을 수 있었어. 하지만 풍채와 용모가 뛰어나고, 글씨 쓰기에 능하고, 판단력이 좋다고 하더라도 말에 조리가 없고 내용이 분명하지 않으면 자신이 말하고자 하는 바를 정확하게 전달하지 못하게 되어 그에 걸맞은 평가를 받지 못했지. 여기서 말하는 언변은 가까운 사람들과 나누는 대화보다는 다른 사람들에게 자신이 판단한 것들을 이야기하는 것, 즉 발표와 무척 가까워. 발표는 어떤 주제에 대해 자신의 생각이나 정보를 다른 사람에게 설명하는 것을 말하는 데 학교에서 친구들 앞에서, 혹은 공적인 자리에서 자신의 생각을 전하는 것들이 모두

발표라고 할 수 있지. 앞으로의 사회에서 외모나 단순한 주입식 지식보다 중요한 것은 소통력과 공감력을 갖춘 리더십이 잖아. 그런 부분에서 발표 능력은 리더십을 대표한다고 볼 수 있기 때문에 '나는 안 할 건데!' 하고 매번 빠지며 안도의 한숨을 쉬기보다는 언젠가 맞닥뜨릴 수 있는 발표 상황에서 어떻게 하면 멋지게 살아남을 수 있을지 고민해 봐야 해. 대학생이 되면 조별 PPT 발표가 기다리고 있고, 회사에서도 회의 시간 발표는 선택이 아닌 필수가 되고 있어. 심지어 영상으로 하는 화상 회의도 결국은 여러 사람 앞에서 자신의 생각을 정리해서 말해야 하는 발표니까 '이번만 피하면 되겠지?' 라는 태도는 지양해야 해.

쉬운 발표는 없어

다른 사람 앞에 나가 발표를 한다는 것은 누군가에게는 무척 어려운 일이야. 다수의 앞에 서는 두려움을 극복해 내야 하고, 사람들과 눈도 마주쳐야 하고, 머릿속으로 해야 할 이야기를 정리해서 유창하게 발표해야 한다는 압박이 있기 때문이지. 그래서인지 많은 학생들이 발표에 대해 힘든 수준을 넘어서 불편하고 두렵다고 이야기하기도 하고, 괴롭고 곤욕스럽게 느끼기도 해. 어떤 친구들은 호흡도 가빠지고 심장도 두근거린다며 자신의 발표 트라우마 증상을 이야기하기도 하지. 무엇보다 준비를 완벽하게 했다고 하더라도 누군가의 앞에만 서면, 연습해 왔던 말들이 생각나지 않고 머릿속이 하얗게 질리는 것은 많은 사람이 토로하는 고통이야. 그럼 발표를 앞둔 우리, 어떤 마음가짐을 가지면 좋을까?

누군가는 발표가 개인의 성향에 영향을 받는다는 이야기를 하기도 하지만 발표는 누구에게나 떨리는 일이라는 것을 기억하는 거야. 평소에 말을 잘한다는 소리를 듣고 강의 경험도 많은 선생님도 많은 사람 앞에서 무언가를 이야기하는 게 무척 긴장되는 걸 보면 말을 잘하든 못하든 간에 발표에 대한 떨림과 두려움은 누구나 갖고 있는 디폴트 값이라고 볼 수 있거든. 우리가 성장하면서 했던 발표라는 말하기는 늘 어렵고 부담스러운 거라는, 부정적 잠재의식이 강했어. 쉽고 가벼운 발표라는 게 있었던 적이 없잖아. 친구들이 보는 앞에서 손을 들고 대답하는 것에서부터 시작해 칠판에 적힌 수학 문제를 풀었던 경험. 그리고 앞에 나가 PPT 발표를 하거나 회장 선거의 연설을 한 적 등 많은 발표의 경험이 있지만 쉬운 것은 하나도 없었지. 그러다 보니 발표는 어렵고 떨리는 것이라는 편견이 생겼을 거야. 발표 상황에 대한 부담도 생겼지. 하지만 이게 나만 떨리는 것이 아니라 모두가 똑같이 떨리는 것이라면? 그러면 그냥 쿨하게 생각하는 거야. '나'라서 그런 게 아니라 '발표'라는 녀석은 모두를 떨리게 한다고. 그러니까 주눅 들지 말고 그냥 받아들이는 거지.

간혹 내향적인 사람들이 발표에 약하다는 말을 하기도 하는데, 내향적 성격은 기질적으로 자신의 내부에 관심이 많고 조용하고 차분한 분위기에서 편안함을 느낄 뿐 실제로 어딘가에 몰입하는 집중력은 외향적인 아이들보다 좋아. 그러니 이런 성격의 이점을 잘 활용한다면 발표에서 좀 더 유리할 수 있다고 생각하고 용기를 가져보면 좋겠어. 그리고 이런 경험이 늘어나면 상황마다 어떻게 말하면 좋을지에 대한 노하우가 생길 거야. 그런 노하우들을 키워나가는 경험에는 떨림과 불안이 수반될 수밖에 없다는 걸 기억해 보자고.

떨림을 막아내는 확실한 방패, 연습

모두가 발표 앞에서 떨린다면, 조금 덜 떨리는 방법을 찾아보는 것도 좋아. 외부 강의 경험이 많은 선생님도 많이 떨린다고 앞에서 말했잖아. 가슴이 터질 것 같은 때도 있고, 손이 떨려 마이크가 덜덜 떨리는 모습을 보인 적도 있어. 그런데 왜 떨리는지를 생각해 보니 발표라는 큰 산을 넘는 것이 부담스러워서였기도 했지만, 그 안에서 내가 실수하면 어쩌지? 라는 두려움이 가장 컸던 것 같아. 물론 실수는 누구나 할 수 있지만 그래도 공적인 자리라 신경이 쓰였던 거야. 실수하지 않으려면 어떻게 해야 할까? 〈티처스〉에 나오는 대표 강사 정승제 선생님은 '연습'을 해야 한다고 말을 해.

"어떤 일이든 연습을 많이 하면 불안하고 떨릴 일이 없어. 연습이 부족하면 항상 떨려. 연습이 완벽하면 하나도 안 떨리는데, 못하는 데 잘하려고 하면 무진장 떨리는 거지. 떨리면 자기의 능력이 반 정도밖에 안 나와. 근데 학생들은 그런 말을 해. '저는 좀 떨림이 있어서 앞에 나와서 뭔가를 하는 게 힘들어요.' 이건 정말 연습을 제대로 안 해서 그런 거라는 거지. 그렇게 떠는 사람도 연습을 많이 한 분야는 하나도 안 떨려. 그런데 연습이 안 되어 있으면 그것을 감추기 위해 떠는 것 같아. 또는 잘하려고 하면 떨리더라고. 근데 그 상황에서 최선을 다하려면 연습을 많이 하는 수밖에 없어. 연습이 여러분 실력을 올리는 거예요."

스피치 커뮤니케이션 대표인 김미경 강사도 다른 사람 앞에서 발표할 때에는 실전 같은 리허설을 스무 번씩 했다고 해. 노래 한 곡을 박자 안 놓치고 잘 부르기 위해서 몇 번을 불러야 할지를 이야기하면서 발표도 그것과 똑같은 것이니까 여러 번 연습해야 한다고 말하는 거지.

실제로 선생님도, 같은 강의를 스무 번 이상 반복한 후부터는 말이 술술 나오더라. 그때그때 상황에 맞는 농담도 잘 떠오르고, 청중들의 반응에 대처하는 여유도 생겼지. 게다가 여기에 이런 동영상을 삽입하면 청중들의 이해도를 높일 수 있겠다 하면서 다양한 아이디어도 떠올랐어. 같은 강의를 여러 번 연습하니까 실수도 줄어들고 대처법도 체득이 된 거야. 피자에 토핑을 얹듯, 그 발표에 필요한 내용을 토핑처럼 더해 완성된 발표를 만들어가는 과정이 새롭게 펼쳐졌지. 같은 말을 반복하면서 자연스럽게 연습이 된 거야. 이런 과정을 되풀이하잖아? 그러면 우선 마음이 여유로워져. 어떤 상황에서든 당황하지 않고, 발표와 관련된 토핑을 청중들이 원하는 반응에 맞춰 얹어줄 수 있으니까. 그러면 청중에게 맞춤형 발표가 되는 거야. 기본 도우에 원하는 토핑을 채우면 내 입맛에 쏙 맞는 프리미엄 피자가 되는 것처럼 말이야. 떨지 않고 유지할 수 있는 냉철한 이성은 실질적인 연습을 통해서만 통제가 가능하다고 해. 그러니 연습에 연습을 반복하면서 자신의 발표에 대한 마음가짐을 철저하게 통제해 보면 좋겠어.

첫 멘트는 너무 어려워

강원국 작가님의 강연을 들을 때였어. 작가님은 대기업 회장과 대통령들의 연설 비서관으로 오랜 시간 일하며 인정받은 유명 연설 전문가였기 때문에 어떤 말로 청중에게 공감을 일으키고 자신의 말을 전할까 그 노하우가 무척 궁금했지. 그런데 작가님이 강연에서 처음으로 운을 뗀 말이 뭐였는지 알아? "저도 지금 많이 떨립니다."라는 고백이었지. 그 말을 듣자마자 어떤 생각이 떠올랐는지 알아? 강연에 대한 딱딱함이나 강연자에 대한 경계심이 풀어졌고, "맞아, 나도 여러 사람 앞에서 이야기할 때는 떨리고 힘들었지. 이렇게 많은 사람들 앞에 서면 정말 더 떨리겠다. 모두가 완벽할 수는 없잖아."라는 마음으로 작가를 따뜻하게 바라보게 되었어. 이것을 심리학에서는 보편적 인간성(Common Humanity)라고 하는데, 누군가가 약점을 내보이는 순간 '강연자 vs 청중'이 아니라 '발표하는 인간 vs 발표를 듣는 인간'으로 관계가 바뀌면서 연대감과 공감 능력이 더 높아지게 된다는 거야. 이런 상황에서 발표자는 자신의 상황을 이해받을 수 있으니 안심이 되고 자신감을 가질 수 있지.

그 이후로 강의나 발표를 들을 때, 다른 사람들이 강의의 시작을 어떻게 하는지를 유심히 보게 되었어. 경험이 많고 능숙한 강연자들이 강의 초반에 "제가 너무 많이 떨려요. 부족해도 잘 들어주세요!"라는 말을 많이 한다는 것을 확인하게 되었지. 물론 그런 말을 했을 때 "아니 자신감 있게 해도 모자랄 판에!"라고 비난하는 사람은 아무도 없었어. 사람들의 반응은 한결같이 따뜻했고 가볍게 웃음을 짓더라. 그 이후로는 나도 누군가의 발표에 앞서서 항상 이런 멘트를 준비하게 되었어.

중학생 대상 강의

"선생님이 그동안 다양한 대상의 강의를 참 많이 했는데, 중학생 대상 강의는 항상 떨려요. 선생님 이야기에 하품이 날수도 있고 졸릴 수도 있어요. 그래도 끝까지 열심히 들어주세요."

선생님 대상 강의

"강사들이 가장 힘든 강의가 교사들 대상 강의라고 해요. 사실 저보다 더 잘 아시는 분들이 여기 앉아계셔서 제가 이렇게 말하는 것이 부끄럽기도 하고 떨리기도 하는데요, 편안하게 들어주시면 감사하겠습니다."

이렇게 먼저 말하고 나면 듣는 사람들도 낯선 강연자에 대한 경계가 어느 정도 풀어져. 물론 이상한 말을 중간에 던지거나 휘파람을 불거나 '나이 먹고 고생한다'는 무례한 말을 아무렇지 않게 내뱉는 사람들도 종종 있긴 해. 하지만 지금까지 이런 첫 멘트 덕분인지, 공감하는 청중들을 만나 즐겁게 강의를 할 수 있었고, 그런 경험들이 쌓이면서 자신감이 쑥쑥 생기게 되었어. 그러면 말을 잘 전하기 위해서는 어떤 방법으로 말해야 할까?

발표할 땐 세 가지만 기억하자

시작은 강렬하게! 시작부터 흥미로워야 해. 첫 멘트를 앞에서 말한 것처럼 시작하면서 사람들에게 공감을 살 수도 있고, 발표의 주제와 관련해서 재미있는 이야기를 준비하면서 관심을 끌어봐도 좋겠지.

발표 내용은 쉽게! 발표의 내용은 누가 봐도 이해하기 쉬워야 해. 내가 할 말 전체를 화면에 띄우는 것은 내가 이해하기 쉬운 것이지 실제 발표를 듣는 사람의 눈에 들어오지 않아. 이건 굉장히 오래된 방식으로 사람들의 집중력을 이끌어낼 수 없어. 그렇기 때문에 메시지를 단순, 명확하게 제시하고 그 키워드를 중심으로 이야기를 준비해야 하는 거지. 그래서 발표 준비를 잘한다는 것은 파워포인트로 자료를 단지 열심히 만드는 것이 아니라 파워포인트를 만든 후에 그 키워드만을 보고 발표를 이어갈 수 있도록 연습하는 것을 말해. "모든 내용이 다 중요한데요?"라고 말하면 그 발표는 사실 실패한 거야. 다 중요하다는 것은 그 어떤 것도 중요하지 않다는 말이거든. 그렇기 때문에 내가 전달하고자 하는 중요한 메시지를 정해 그것들을 간단명료하게 반복하며 전달해야 머릿속에 남는 발표가 되는 거지. 가장 가치 있고 핵심적인 이야기를 쉽고 짧게 설명하기. 기억했지?

실수엔 의연하게! 실수하는 것이 큰 잘못이 아니라는 것을 알아야 해. 초등학교 2학년인 아이가 피아노 콩쿠르에 나간다고 연습을 할 때였어. 곡은 Vandall의 〈Mystical Tarantella〉였는데 손도 작은 아이가 현란하게 건반을 치다 보면 분명 실수를 할 것만 같았어. 그런데 아이가 연습을 하면서 계속 그러는 거야. "엄마, 콩쿠르에서는 틀려도 틀리지 않은 것처럼 자연스럽게 치는 게 중요하대. 선생님이 그렇게 말해주셨어." 센스 있는 대처라고 생각했는데 아니나 다를까 한 번도 틀리지 않던 아이가 실제 콩쿠르에서는 긴장을 했는지 건반을 완전 잘못 친 거야. 그런데 어리기도 하고, 많은 경험이 없는 데도 곡을 멈추거나 한 마디 다시 돌아가지 않고 틀린 부분을 아무렇지 않게 이어서 치더라고. 그랬더니 틀린 부분이 크게 티나지 않았어. 아마 곡을 정확하게 알지 못한 사람들은 틀렸다고 생각하지도 못했을 거야.

　세계적인 마술사 이은결도 많은 마술 공연을 하다가 실수를 한다고 해. 마술쇼 하다가 실수를 하면 어떻게 하냐, 멈추고 사과를 하느냐는 질문에 이렇게 답했지. "아니요, 저는 실수를 안 한 척, 실수도 내 쇼의 하나인 것처럼 표현해요. 제 마술은 저만 아니까요." 발표할 때에는 이런 마음가짐을 가지면 좋을 것 같아. 발표 내용이 틀리면 듣고 있는 사람들이 다 눈치를 챈 것처럼 보이지만 내용은 내가 가장 잘 알잖아. 가벼운 실수라면 대부분은 그냥 진행하고 넘어가도 큰 문제는 없어. 물론 이런 행동은 그 상황에 빠르게 대응할 수 있도록 평소 많은 경험을 쌓아야 가능한 일이기는 해. 그러니 이런 실수를 바탕으로 경험을 쌓아나가다 보면 어느 순간 그런 실수들이 하나의 발표 내용으로 이어질 수 있도록 만드는 센스까지도 갖추게 될 거야. 그러니 앞으로 실수를 두려워할 필요가 없다는 걸, 오히려 배움의 기회라는 걸 기억해 줘. 그러면 이런 말하기 방법을 바탕으로 학급회장 선거에 출마하여 공약을 발표하는 상황을 한번 볼까?

말하기 방법	발표 내용
첫 멘트 기법으로 공감 얻기	안녕하세요? 여러분, 저는 이번 학급 회장 선거에 출마한 남예준입니다. 여러분 앞에 서서 이렇게 이야기를 하려니 조금 떨리는데요, 제 진심이 담긴 이야기를 잘 들어주시면 좋겠습니다.
청중의 참여를 이끌어 내며 발표의 목표를 제시하기	우선 저의 이름으로 학급회장에 임하는 저의 포부를 밝히고자 합니다. 이름을 한 글자씩 말해주세요.
가장 가치 있고 핵심적인 이야기를 쉽고 짧게 설명하기	남: 남을 배려하는 반을 만들어가겠습니다. 예: 예쁘고 즐거운 추억을 쌓을 수 있게 노력하겠습니다. 준: 준비된 리더, 여러분의 목소리에 귀 기울이겠습니다.
자신이 말하고자 하는 핵심을 익숙한 사물에 비유하며 발표의 킥을 날리기	시계는 조용하지만 쉬지 않습니다. 저도 조용한 성격이지만 시계처럼 묵묵하게 학급 일에 최선을 다하며 여러분들의 목소리에 귀 기울이는 회장이 되도록 하겠습니다. 감사합니다.

우선 자신이 조금 떨리지만 열심히 잘해보겠다는 다짐을 보여주었고, 간략하게 자신이 왜 회장 선거에 출마하는지, 당선된다면 어떻게 학급을 이끌어 나갈지 명확하고 간결하게 자기 생각을 표현하기 위해 삼행시를 활용했어. 재미있게 본격적인 이야기를 꺼냈지. 삼행시를 운을 떼 달라며 학생들의 참여도

이끌어 냈더니 모두가 함께 이야기하는 공약을 말하는 것처럼 보이기도 했지. 그리고 마무리로 자신이 지향하는 회장의 모습을 익숙한 사물에 비유하며 친구들의 마음속에 킥을 날려. 이런 발표를 듣고 나면, 많은 후보가 나온다고 해도 핵심적인 단어와 말하는 방식이 기억 속에 남아 투표를 할 때 긍정적인 영향을 줄 수 있을 거야. 연설을 하는 목적이 그대로 맞아떨어지는 셈이지. 그런데 이렇게 발표를 할 때 주의할 점이 있어. 가끔 재밌게 이야기를 하기 위해 비속어나 신조어를 남발하기도 하는데 이런 발표의 상황에서는 웃기기 위한 선을 정하는 것도 능력이야. 앞에서 배운 말의 TPO 모두 기억하지? 게다가 그 말이 누군가를 저격하는 것은 아닌지, 웃음거리로 만드는 것은 아닌지 먼저 확인해야 해. 비속어 같은 경우는 어떤 경우든 간에 나를 낮아 보이게 만들기 때문에 지양하는 것이 좋아.

세계적인 달변가 처칠의 P-R-E-P기법

영국 수상이었던 윈스턴 처칠은 말을 잘하기로 유명한 사람이었어. 그의 말은 듣는 사람을 감동시켰고 후세에도 그의 연설은 좋은 평판을 남겼지. 그럼 윈스턴 처칠은 어떤 방법으로 말을 했을까?

먼저 Point를 말하는 거야. 핵심 메시지인 포인트를 임펙트 있게 말하지. 두 번째는 Reason을 이야기해. 주장하게 된 이유를 근거를 들어서 이야기하고, 세 번째는 Example, 이를 뒷받침할 수 있는 객관적인 데이터를 말해. 사례를 들어보는 거지. 그리고 나서는 다시 Point! 주장을 한 번 더 언급해서 결론을 짓게 되는 거야. 짧은 시간 내에 자신의 의견을 밝혀야 하거나 논리적으로 설득이 필요할 때 빙빙 돌리지 않고 순서대로 이야기하면 말의 정확도를 높이고 신뢰도도 높아질 수 있지.

'학교에서 스마트폰 사용 괜찮은가?' 라는 주제로 학급회의에 참석했고 반대 측 대표로 나와서 처칠식 말하기로 이야기를 한다고 해보자.

처칠식 말하기	P	주장의 핵심	스마트폰은 우리 생활에 유용하지만 학교에서는 사용을 금해야 합니다.
	R	주장하는 이유	스마트폰으로 우리는 모든 생활을 하고 있습니다. 정보도 쉽게 얻을 수 있고 친구들과의 소통에도 도움을 주고 있습니다. 하지만 이것을 학교에서 사용한다면 어떻게 될까요? 수업 시간에 집중을 하지 못하고 몰래 스마트폰을 사용하는 경우가 늘어날 것이고 수업 분위기를 해치면서 다른 학생들에게도 나쁜 영향을 줄 수 있습니다.

처칠식 말하기	E	그 이유를 뒷받침하는 예시	예를 들어볼까요? 지난주 공강 시간에 학교에서 논문 쓰기 프로젝트를 위해 선생님께서 스마트폰을 나눠준 적이 있습니다. 그때 논문이나 글쓰기를 위한 자료 검색을 위한 것이라고 말했지만 많은 학생들은 스마트폰을 받자마자 그 목적은 잊어버리고 SNS를 열어보거나 쇼츠를 감상했습니다. 몇몇 학생들은 스마트폰 게임을 하기도 했습니다. 분명히 수업에 방해가 되는 행동이었고, 다른 학생들이 논문을 쓰는 의욕마저 떨어뜨렸습니다.
	P	주장을 반복하며 결론	이런 이유로 스마트폰은 우리 생활에 유용하지만 학교에서는 사용을 금해야 한다고 생각합니다. 감사합니다.

이런 방식은 학교에서나 가족, 친구와의 대화에서도 어떤 주제든 간에 적용해 볼 수 있는 유용한 기술이니까 PREP 기법을 머릿속에 기억하고 연습해 본다면 다른 사람 앞에서도 조리 있고 깔끔하게 잘 말해볼 수 있을 거야.

발성이 별로라면?

발표를 어떻게 시작해야 할지, 발표 내용이 무엇인지도 중요하지만, 무엇보다 발표의 분위기를 잡는 데는 '발화법'이 큰 영향을 끼쳐. 아무리 훌륭한 내용이라도 말하는 방식이 불분명하면 청중의 집중력을 잃게 되기 때문이야. 그렇다면 발표를 더 효과적으로 할 수 있는 발화 방법에는 어떤 것들이 있을까?

첫 번째, 의미 단위로 끊어 읽으며 호흡 조절하기. 발표할 때 긴장이 되기 때문에 호흡이 빨라지고, 그에 따라 말도 빨라지게 돼. 그러면 청중이 발표 내용을 제대로 이해하기 어려울 수 있어. 이를 방지하려면 발표문을 미리 연습하면서 숨을 쉴 곳을 표시해 두는 것이 중요해. 문장을 '의미 단위'로 끊어 읽으며 자연스럽게 호흡하는 연습을 하면 발표가 훨씬 더 명확해질 거야. 또한, 복식호흡을 활용하면 발표 속도를 조절하는 데 도움이 돼. 배를 사용해 깊게 숨을 들이쉬고 천천히 내쉬면서 말하면 안정감 있는 목소리로 발표할 수 있지. 발표 전에 천천히 숨을 들이쉬고 내쉬는 연습을 몇 번 해보는 것도 긴장을 풀고 집중력을 높이는 데 효과적이야.

두 번째, 목소리 크기와 발음 조절하기. 발표를 잘하기 위해서는 목소리 크기와 발음을 신경 써야 해. 너무 작게 말하면 청중이 잘 들을 수 없고, 너무 크면 부담스럽게 느껴질 수 있어. 중요한 단어나 핵심 문장은 또렷하게 발음하고, 문장의 끝부분이 흐려지지 않도록 주의해야 해. 아나운서들은 발음 연습을 위해 볼펜을 입에 물고 스크립트를 읽는 훈련을 하기도 해. 이렇게 하면 발음이 더 정확해지고, 발화 속도를 조절하는 데도 도움이 돼. 특히 긴장했을 때 말이 빨라지는 경향이 있는 사람이라면 이 방법을 활용해 보는 것이 좋아.

세 번째 녹음하고 들어보기. 자신의 발표를 핸드폰으로 녹음해서 들어보는 것도 매우 효과적인 연습 방법이야. 고3 학생들이 면접을 준비할 때 예상 질문을 뽑아 답변을 녹음해 듣고 수정하는 것처럼, 발표 연습에서도 녹음은 필수적이야.

녹음을 통해 확인할 수 있는 점

✓ 강약 조절을 하며 전달하고 있는가?

✓ 말하는 속도가 너무 빠르거나 느리지는 않은가?

✓ 목소리 크기가 적당한가?

✓ 발음이 정확하고 명확한가?

✓ 발표 시간이 적절한가?

반복적으로 녹음을 듣고 부족한 점을 개선하면 발표에 대한 자신감도 함께 향상될 거야. 더 나아가, 친구들과 서로 녹음한 발표를 공유하고 피드백을 주고받는 것도 좋은 방법이야.

발표 연습을 더 효과적으로 하는 팁도 있어. 내 표정과 제스처가 어색하진 않은지 확인하기 위해 직접 거울을 보면서 발표해 보거나, 청중의 반응을 미리 경험해 보기 위해 친구나 가족 앞에서 연습해 보면 좋아. 내가 이번 발표를 통해서 전하고자 하는 핵심 메시지를 다시 정리해 보면서 발표의 중심을 명확하게 잡는 것도 방법이지.

발표에서 단순히 내용을 전달하는 것이 아니라, '어떻게 말하는지'도 매우 중요해. 올바른 발화법을 연습하고 적용한다면, 누구나 청중을 사로잡는 발표자가 될 수 있어!

조별 활동을 하면서도 대부분의 학생들은 자료를 조사하고 만드는 역할에만 손을 들 거야. 눈에 보이지 않는 곳에서 무언가를 하는 게 훨씬 더 마음이 편하니까. 하지만 말하기와 발표를 계속 피하게 되면 어떻게 될까? 점점 더 자신감을 잃고 발표로부터 도망 다니게 돼. 하지만 지금 당장 피할 수 있을지는 몰라도 발표는 앞으로 계속 있을 것이고 미래에 너의 능력을 표현하는 중요한 수단이 될 거야. 앞에서 신언서판 이야기했잖아. 아무리 외모가 좋고 판단력이 있어도 실제로 그것을 표현하는 말하기가 되지 않는다면 자신의 역량을 펼쳐 보일 수 없다고. 연기를 굉장히 잘하는 연예인이 시상식에 나와서 소감을 발표하는데 제대로 말을 못 하면 그 사람의 연기력이 평가 절하되는 것처럼 우리가 사고하고 있는 능력을 고스란히 보여줄 수 있는 게 다른 사람 앞에서 말하기라는 것을 잊지 말자고. 많은 사람 앞에서 말할 때 떨지 않는 사람은 없고 열심히 준비하고 반복해서 연습하다 보면 어느 순간 그 자리에 자신 있게 서는 그런 날이 올 거야.

11장

생각이 다를 때
싸우지 않고
대화하는 법

–

그룹토킹, 다 다른 의견을 하나로 모으기
#설득력

━━━━━ 　우리는 서로 개인적으로 만날 때도 있지만 여럿이 모여 이야기하는 순간들도 많아. 발표가 아니라 부담은 덜하지만 자율동아리나 독서모임, 그 외의 다양한 모임처럼 성향이 다른 여럿이 모여서 이야기를 하고 새로운 집단이나 단체에 자연스럽게 섞이면서 대화를 이어나가기 위해서는 한 단계 높은 관계 맺기 기술이 필요하지.

　같이 관심사를 나누고 시간을 보내기 위해 모인 자리에서 자기 이야기만 내내 한다거나 남이 하고 싶은 말을 끊고 방해만 하는 사람과 대화하고 싶을까? 그 자리에서는 티 내지 않았더라도 다시 만날 자리가 있으면 함께 하는 것을 꺼리게 될 거야. 그렇기 때문에 사람들이나 어떤 모임의 분위기를 살피면서 자신이 하고 싶은 이야기를 제대로 하기 위해서는 좀 더 세심하고 다양한 기술이 필요할지도 몰라.

첫인상 도장을 찍는 나 소개법

자기소개라고 하면 어떤 공식적인 자리에서 자신을 알리기 위한 말하기라고 생각할 수 있지만 면접 같은 공적인 자리뿐 아니라 학기 초에 친구들에게 인사할 때, 새로운 모임에 갔을 때도 피해갈 수가 없어. 선생님도 항상 학기 초에 동아리 학생들에게 선후배끼리 자신을 소개하는 시간을 꼭 갖게 하거든. 이 순간은 첫인상을 좌우하는 시간이기도 한데, 대부분 학생들이 다 똑같이 이렇게 말하더라고.

"안녕하세요. 저는 1학년 1반 ○○○입니다. 잘 부탁드립니다."

학번과 이름 정도만 적당히 말하고 옆 사람에게 바톤터치하는 경우가 많은데, 사실 이건 자신을 주변 사람들에게 각인시킬 수 있는 소중한 기회를 버리는 셈이야. "잘 부탁드립니다."처럼 형식적이고 상투적인 말도 진부하게 느껴져 자기소개가 귀에 쏙 들어오지 않지. 그럼 어떻게 말하면 좋을까? 형식적인 말보다 중요한 것은 짧게라도 자신의 이야기가 들어가 있어야 한다는 거야. 나를 각인시킬 수 있는 핵심어를 쓰면서 사람들에게 자신을 표현하는 게 중요하지. 그럼 어떤 방식으로 나를 소개할 수 있을까? 취미와 진로를 활용해 보면 좋아.

진로	자기소개
우주비행사	안녕하세요? 저는 2학년 박지우입니다. 제 꿈은 우주비행사가 되는 거예요. 별과 우주에 대한 호기심이 가득해 책을 읽고 다큐멘터리를 보면서 우주에 대한 지식을 쌓고 있어요. 푸른 지구를 우주에서 바라보는 순간을 상상하면 가슴이 두근두근합니다. 그래서 지금은 공학 동아리에서 열심히 공부하고 로켓의 원리, 우주탐사에 대한 프로젝트도 하면서 친구들과 함께 꿈을 키워가고 있답니다. 언젠가 우주에 제 이름을 새기고 많은 사람에게 우주의 신비로움을 전하는 우주비행사가 되고 싶습니다. 앞으로 많은 응원 부탁드려요.
게임 개발자	안녕하세요! 저는 1학년 김영민입니다. 저는 게임을 좋아해 어렸을 때부터 '이런 게임은 어떻게 만들어질까?' 하는 궁금증이 많았습니다. 그래서 게임 제작 강의를 보거나 간단한 코딩을 배우면서 게임을 만들어 친구들과 함께 즐기고 있습니다. 요즘은 친구들과 팀을 짜서 '모험의 세계'라는 게임을 만들고 있습니다. 각자 캐릭터를 맡아 스토리를 짜고, 캐릭터 디자인을 하고 음악 선생님의 도움을 받아 게임 배경 음악도 만들고 있는데요, 언젠가 여러분들과 제 게임을 함께 하는 날이 왔으면 좋겠습니다. 앞으로 잘 부탁드리겠습니다.
헤어 디자이너	안녕하세요? 저는 2학년 이다경입니다. 저는 어릴 때부터 친구들의 머리를 만지는 것을 좋아했는데요, 그러면서 매일 유튜브에서 최신 헤어스타일을 찾아보고 미용 관련 책을 읽으면서 제 꿈을 키우고 있어요. 혹시 같은 진로를 생각하고 있는 친구가 있다면 저와 같이 정보를 공유하면서 성장해 나가면 좋겠습니다. 감사합니다.

진로	자기소개
유튜버	안녕하세요? 저는 1학년 이건희입니다. 저는 어렸을 때부터 카메라 앞에 서는 것을 좋아했고 그런 경험을 쌓아 지금은 게임이나 패션, 일상 브이로그를 찍고 있습니다. 매일 매일 새로운 아이디어를 생각하며 콘텐츠를 기획하는 일이 너무 재미있어요. 제 채널에서 웃음과 재미가 가득한 콘텐츠를 만들어 사람들에게 긍정적인 에너지를 전해주고 여러분과 함께 소통하고 싶습니다. 잘 부탁드리겠습니다.
교사	안녕하세요? 저는 김태연입니다. 저는 어렸을 때부터 친구들과 지식을 나누고 함께 배우는 시간을 좋아했어요. 그런 경험을 살려 다양한 방법으로 수업을 재미있게 만들고, 학생들이 즐겁게 배울 수 있도록 도와주고 싶습니다. 특히 국어와 영어를 좋아하는데요, 혹시 공부하다가 모르는 게 있으면 저에게 와서 물어보세요! 제가 일타강사처럼 쉽고 재미있게 공부할 수 있도록 도와드리겠습니다. 앞으로 잘 부탁드리겠습니다.

이렇게 취미나 진로를 강조하면 비슷한 관심사를 가진 친구들에게 너의 존재를 강렬하게 각인시킬 수 있지. 그리고 자신의 꿈과 취미를 다른 사람들에게 이야기하면서 자기의 열정을 공유하면 자신감을 높일 수 있어. 이런 모습은 친구들에게도 좋은 모습으로 비칠 수 있지. 과한 비유를 사용해서 나를 드러내라는 것이 아니라 내가 좋아하는 것과 내가 꿈꾸는 것

들을 친구들에게 이야기하면서 내 정체성을 드러내는 거지. 여기에다가 성격을 강조한 자기소개를 더해도 괜찮아. 예를 들면 요즘 친구들 사이에 관심사인 MBTI로 자기소개를 시작 하는 거지. 그러면 짧은 시간 내에 진로뿐 아니라 내 성격까지 도 친구들에게 알려줄 수 있어.

MBTI	자기소개
ENFJ	"안녕하세요? 저는 2학년 사교적인 선도자, ENFJ 박성진입니다. 저는 친구들과 함께 있는 것을 정말 좋아하고 언제나 주변 사람을 도와주려고 노력한답니다. 학교에서 친구들이 힘들어할 때 제가 먼저 다가가 이야기를 나누고 함께 해결책을 찾아주곤 한답니다. 저는 리더가 되어 사람들에게 긍정적인 영향을 주고 싶어요. 그래서 학교 행사나 그룹사운드 동아리 활동에 열심히 참여하고 있어요. 여러분과 함께 즐거운 학교생활을 하고 싶습니다. 앞으로 잘 부탁드립니다.
ENTP	안녕하세요? 저는 2학년 창의적인 발명가 ENTP 강영현입니다. 아이디어가 넘치는 저는 항상 새로운 것을 생각해내는 걸 좋아합니다. 수업시간이나 친구들과 토론을 할 때 제 아이디어를 이야기하고 공유하는 게 정말 재미있어요. 가끔 엉뚱한 생각도 하지만 그게 저의 매력이기도 해요. 제 꿈은 발명가가 되어 세상을 좀 더 편리하게 만드는 거예요. 그래서 창조 과학부에서 활동하면서 과학실험이나 프로젝트에 참여하고 있답니다. 여러분과 함께 신나는 아이디어를 나누며 즐겁게 학교생활을 하고 싶습니다. 감사합니다.

MBTI	자기소개
INFJ	안녕하세요? 저는 2학년 이상주의적인 조언자 INFJ 김원필입니다. 저는 사람들의 마음을 잘 이해하고 그들이 행복해지도록 도와주는 것을 좋아해요. 여러분들이 고민이 있을 때 제가 곁에서 많은 도움을 줄 수 있을 거라 생각합니다. 제 꿈은 상담사가 되어 많은 사람들에게 도움을 주는 것이에요. 그래서 도서부 동아리 활동을 하면서 심리와 관련된 다양한 책을 읽고, 간혹 글쓰기를 하며 제 생각을 정리하기도 합니다. 여러분과 한해를 즐겁고 행복하게 보내고 싶습니다. 잘 부탁드립니다.
ENTJ	안녕하세요? 저는 2학년 결단력 있는 지휘관 ENTJ 윤도운입니다. 저는 목표를 세우고 그것을 위해 열심히 노력하는 걸 좋아해요. 학교 수업에서 프로젝트를 할 때, 팀원들과 서로 이야기를 나누고 계획을 세우는 게 재미있답니다. 제 꿈은 CEO가 되어 멋진 회사를 만드는 거예요. 그래서 학교의 창업 동아리에서 친구들과 토론하며 리더십을 키우기 위해 노력하고 있답니다.

어때? 이름과 같은 기본적인 정보뿐 아니라 여기에 취미나 진로, 성격 같은 개인적인 내용을 덧붙이게 되면 친구들에게 너의 존재를 강렬하게 각인시킬 뿐 아니라 같은 관심사를 가진 친구와 친해질 수 있는 기회가 되기도 해. 이름만 말하고 끝나는 경우가 많은데 이것은 자신을 좋게 각인시킬 수 있는 소중한 기회를 버리는 셈이니까 첫인상을 좌우하는 자기소개를 위에 표에 나온 것처럼 진로나 MBTI로 하나씩 만들어보

는 것도 좋을 것 같아. 그리고 여기에 하나 더, 미소를 지으면서 또렷한 목소리로 말해야 한다는 거 앞에 TPO에서 말했지? 그리고 너무 자기소개가 길어지면 지루해지고 핵심적인 내용을 전달하지 못할 수 있기 때문에 1분 정도로 적당하게 자연스럽고 자신감 있는 태도로 말하는 거 잊지 마.

비난? 비판? 단어는 비슷해도 의미는 달라

학급회의나 동아리 등 모임 활동에선 여러 사람이 함께 있다 보니 의견 충돌이 생길 수밖에 없어. 그래서 어떤 친구는 자신의 의견을 굽히지 않고 자기주장만 이야기하다가 다른 사람들의 눈살을 찌푸리게 만들기도 하고 또 어떤 친구는 그 의견이 마음에 들지 않지만 분위기를 깨지 않기 위해서 자신이 해야 할 조언이나 의견을 내지 않는 경우도 있지. 그래서 어떤 친구들은 이런 불편함 때문에 모임보다 개인적인 만남을 더 선호하는 경우도 많아. 그러면 그런 불편한 감정을 겪지 않아도 되니까. 물론 우리가 평생 그렇게 살 수 있다면 그렇게 행동하는 것이 크게 문제가 되지 않겠지만 우리는 사회에서 사람들과 계속해서 관계를 맺어가며 살아야 하잖아. 그러니 모임에서 자신의 의견을 적절히 제시하며 사람들과 의견을 조율하고 관계를 맺어가는 연습은 중요해. 불편하다고 해서 피하면 안 되는 거야.

예를 들어, 축제 때 방송부 동아리 친구들과 함께 드라마 한 편을 찍어보기로 했어. 하지만 드라마 주제를 선정하는 과정에서 의견의 충돌이 생겼어. 자연이는 '학교 괴담'으로 드라마를 찍고 싶다고 말했고, 진아는 '고등학교 기숙사 특'이라는 주제로 찍고 싶다는 의견을 제시한 거야.

자연: '학교 괴담' 완전 재밌을 것 같지 않아? 우리 축제가 여름이니까 공포물을 하면 아이들에게 호응이 높을 것 같아.

진아: 글쎄, 나는 '고등학교 기숙사 특'이라는 주제로 찍고 싶은데? 요즘 '특' 동영상이 인기잖아. 그게 훨씬 더 현실적이고 재미있을 것 같은데?

고운: 둘의 아이디어가 다르지만 둘 다 흥미로운 주제라는 생각이 들어. 각 주제에 대한 내용을 좀 더 생각해 볼까?

자연: 괴담은 호기심 자극에 최고잖아. 특히 친구들이 요즘 그런 것을 좋아하니까.

진아: 괴담은 좀 비현실적이지 않아? 기숙사 생활은 우리가 경험하고 있는 것이라서 더 공감될 것 같아. 일상적인

이야기 속에 드라마틱한 요소도 추가할 수 있고.

자연 : 비현실적이라고? 내 아이디어 무시하는 거야? 왜 네가 말한 것만 좋다고 생각해?

진아 : 나는 무시한 게 아니라 그냥 솔직한 내 생각을 말하는 거야. 왜 이렇게 화부터 내?

자연 : 내가 보기엔 너는 그냥 내 아이디어를 비난하는 것처럼 느껴지는데?

고운 : 괴담은 흥미롭고 기숙사 이야기는 우리가 겪는 일상적인 경험을 바탕으로 하니 더 많은 친구들에게 공감을 불러일으킬 거야. 그러면 이렇게 하는 건 어때? 기숙사에서의 괴담에 대처하는 학생들의 모습을 드라마로 만들어보는 거야. 그러면 두 가지 아이디어를 모두 살릴 수 있을 것 같은데.

모든 사람은 서로 생각이 달라서 이런 상황이 벌어지는 건 무척 흔한 일이야. 하지만 그때마다 내 의견을 따라주지 않는다고 화를 내거나 내 의견만 강조한다면 어떨까? 분명 좋은 결론이 나올 수 없고 누군가는 감정이 상하는 결과를 가져올 거야.

우선 이렇게 많은 사람과 의견을 주고받을 때 우리는 비판과 비난을 구별해야 해. 비판의 사전적 의미는 '현상이나 사물의 옳고 그름을 판단하여 밝히거나 잘못된 점을 지적함'이야. 상황을 정확하게 이해한 뒤에 문제를 제기하고 해결을 요구하는 중요한 소통 방식이지. 비난의 사전적 의미는 '남의 잘못이나 결점을 책잡아서 나쁘게 말함'이야. 상대의 잘못된 점을 끄집어내서 물고 늘어지는 것을 말하지. 어떤 모임에서 서로 간의 의견을 듣고 조율하는 과정에서는 '비판'의 과정이 필요해. 그런데 그런 비판을 '나에 대한 비난'으로 여기고 마음이 상해 화를 내는 경우가 너무나 많아. 앞에서 소개한 대화에서도 진아는 괴담이 비현실적이고 기숙사가 좀 더 현실적인 이야기라 공감이 더 될 것 같다는 의견을 제시했는데 자연이는 대뜸 내 아이디어를 무시하는 거냐며 화부터 내지. 물론 지연이가 진아의 말이 자신을 향한 비난이 아님을 깨닫는 게 우선이지만 이렇게 대화 속에서 감정이 격해지거나 다툼이 일어날 것 같은 상황이라면, 대화를 더 부드럽게 만들어주면서 서로의 의견을 잘 이해하고 감정을 고려하며 말할 수 있는 환경을 조성하는 게 필요해. 그 장치가 뭘까? 바로 '쿠션어'야.

불편한 상황엔 말랑말랑 쿠션어

쿠션어는 상대방의 기분을 배려하고 대화를 부드럽게 만드는 언어 표현을 의미해. 앉아있을 때 쿠션이 있으면 좀 더 편안하게 쉴 수 있는 것처럼 대화를 부드럽게 편안하게 해주는, 말의 쿠션 같은 역할을 하는 표현을 의미하지. 실제로 앞의 대화에서처럼 우리가 의사소통을 할 때 서로 의견을 제시하다 보면 나도 모르게 감정이 격해지거나 다툼이 일어날 때가 있는데 이런 상황에서 쿠션어를 사용하게 되면 좀 더 부드러운 대화가 가능해. 누군가의 부탁에 NO!라는 표현을 바로 쓰기보다는 '죄송하지만'과 같이 운을 띄우는, 상대방을 최대한 배려한 표현이라고 생각하면 돼. 주로 긍정적인 상황보다는 불편하거나 상대방과 갈등을 빚을 수 있는 상황에서 사용하다 보니 쿠션어는 여럿이서 함께 대화하는 상황에서 서로 간의 관계를 유연하게 만들어주는 데 활용돼. 그러면 쿠션어에는 어떤 것들이 있을까?

상황	쿠션어 사용 전	쿠션어 사용		효과
부탁할 때	~해줄 수 있을까?	혹시 바쁘겠지만 번거롭겠지만 실례가 되지 않는다면	~해줄 수 있을까?	상대방이 부탁을 부담 없이 받아들일 수 있음

상황	쿠션어 사용 전	쿠션어 사용			효과
의견이 다를 때	그건 좀 아닌 것 같아.	네 생각도 일리는 있는데		그건 좀 아닌 것 같아.	상대방의 의견을 존중하면서 내 의견을 부드럽게 말해 갈등을 축소시킬 수 있음
		좋은 의견 고마워. 그런데			
		말은 고맙지만			
거절해야 할 때	나 이번에는 힘들 것 같아.	나도 하고 싶지만		나 이번에는 힘들 것 같아.	부드러운 표현을 사용함으로써 긍정적인 관계를 유지할 수 있음
		아쉽지만			
		유감이지만			
		미안하지만			

어때? 쿠션어를 사용하니 상대방에게 직접적으로 자신의 감정이 전달되지 않아서 조금 더 부드럽게 내 메시지가 전달되는 것 같지 않아? 상대방이 불쾌하게 생각할 수 있는 대화를 부드럽고 배려하는 표현을 사용하면서 의사소통을 좀 더 원활하게 할 수 있지. 그러면 앞에서의 갈등 상황의 대화에 쿠션어를 사용하면 어떤 변화가 생길지 한번 확인해 볼까?

자연: '학교 괴담' 완전 재밌을 것 같지 않아? 우리 축제가

여름이니까 공포물을 하면 아이들에게 호응이 높을 것 같아.

진아 : 글쎄, 나는 '고등학교 기숙사 특'이라는 주제로 찍고 싶은데? 요즘 '특' 동영상이 인기잖아. 그게 훨씬 더 현실적이고 재미있을 것 같은데?

자연 : 아, 그 아이디어도 좋네. 그런데 기숙사 생활 이야기는 매번 우리가 일어나는 일이라 진부하지 않을까? 그런 점에서 괴담은 좀 더 신비롭고 흥미로운 요소가 많아서 학생들의 관심을 끌 수 있을 것 같아.

고운 : 둘의 아이디어가 다르지만 둘 다 흥미로운 주제라는 생각이 들어. 각 주제에 대한 내용을 좀 더 생각해 볼까?

자연 : 괴담은 호기심 자극에 최고잖아. 특히 친구들이 요즘 그런 것을 좋아하니까.

진아 : 그렇기는 한데(니 생각도 일리가 있는데) 괴담은 좀 비현실적이지 않아? 기숙사 생활은 우리가 경험하고 있는 것이라서 더 공감이 되지 않을까. 일상적인 이야기 속에 드라마틱한 요소도 추가할 수 있고.

고운 : 둘의 의견이 다르지만 서로의 주제를 모두 살릴 수 있는 방법이 있지 않을까? 그 부분도 생각해 볼까?

자연 : 오. 그거 좋은 생각이네. 기숙사에서의 괴담에 대처하

는 학생들의 모습을 드라마로 만들어보면 어때? 그러
면 두 아이디어를 모두 살릴 수 있을 것 같은데.

진아 : 그거 괜찮네. 그러면 우리 그 이야기의 소재를 좀 고민
해 볼까?

쿠션어를 사용하면 상대방의 의견을 존중하는 느낌을 주게
돼. 그러면 그것이 비난이 아니라 좀 더 나은 개선점을 찾기
위한 방법으로 이해할 수 있게 되고, 서로의 감정을 건드리지
않기 때문에 대화가 갈등으로 치닫는 것을 막을 수 있게 돼.
이성적으로 대화에 참여하게 되는 거야. 그러니 친구들과의
의견 충돌에서는 이 쿠션어를 사용해 봐. "그렇게 생각할 수도
있겠지만"처럼 말하며 서로의 감정을 존중하면서 원색적인
비난보다 건설적인 토론을 만들어가는데 도움이 될 거야. 그
리고 지금 모임에서의 대화뿐 아니라 나중에 사회에 나가서
업무적으로 누군가와 이야기를 할 때도 그 상황을 좀 더 부드
럽게 표현해 줄 수 있는 기술이기 때문에 잘 알아두고 대화에
활용해 보면 훨씬 좋을 거야.
그런데 이 쿠션어를 사용할 때 주의할 점이 있어. 아무 때나
이런 쿠션어를 쓴다면 어떨까? 상황에 맞지 않게 '미안하지
만', '유감이지만' 이런 쿠션어를 사용하면 결국 전하려는 문

장의 의미가 약해질 수 있어. 게다가 너무 많이 사용된 쿠션어 때문에 '그래서 도대체 하고 싶은 말이 뭐야?'처럼 상대방의 말의 핵심을 이해하지 못해 더 답답한 상황이 올 수 있지. 그렇기 때문에 쿠션어는 문맥상 오해를 만들지 않기 위해 상황에 맞게 적당하게 활용해야 해. 말은 그 사람의 마음을 담아내는 그릇이라고 하잖아. 좀 더 부드러운 말로 상대방이 오해하지 않는 대화를 이끌어보는 건 어떨까?

험담은 내 가치를 떨어뜨리는 것

여럿이서 모여서 이야기를 나누다 보면 다른 사람의 이야기를 하게 돼. 이걸 험담(險談)이라고 이야기하고 쉽게는 뒷담화라고도 하는데, 이렇게 친구들끼리 모여 다른 사람의 이야기를 하면 서로 위로받고 공감을 얻으면서 심리적으로 안정감을 얻기도 해. 실제로 누군가를 험담하는 것은 자기가 속한 집단의 구성원들과 동질감을 느끼기 위한 수단이라고 생각하는 사람들도 많지. 함께 욕해주면서 내 상황을 이해해 주는 것 자체가 우정이라고 생각하니까.

하지만 험담을 잘 들여다보면 내가 스스로에게 자신감이 없기 때문인 경우가 많아. 친구가 잘되는 것에 대해 질투가 나서, 친구 상황이 부러우니까 상대방의 이야기를 하면서 그 사람을 깎아내리는 거잖아. 간혹 정말 걱정이 되거나 잘못하고 있는 것 같아서 조언을 하는 것처럼 친구들 앞에서 말하는 경우도 많은데 그 사실에 대해 알지 못하던 친구들도 그 험담을 통해 다른 사람의 이야기를 알게 되는 거니까 은근히 '멕이는' 경우가 될 수도 있지. 그런 경우라면 더더욱 당사자인 친구에게 직접 이야기를 하는 게 상황을 개선할 수 있어. 아무런 상관없는 사람들과 뒷담화를 하는 것 자체가 상황 개선에 도움이 될 리가 없잖아. 그리고 처음에 친구들은 네가 험담하는 말을 듣고 고개도 끄덕여주고 같이 욕해줬을지 몰라. 하지만 '내가 없는 자리에서도 내 이야기를 할 수 있겠다'는 경계심을 갖게 될 거야. 결국은 나에 대한 좋지 못한 인상을 남기게 되지. 비판은 건설적인 대안을 위한 건데, 험담은 그저 다른 사람을 깎아내리는 자체가 목적이 되기 때문이지. 험담이라고 생각하지 않지만 험담인 경우도 있어. 다른 사람들 앞에서 내 친구의 개인적인 이야기나 감정을 꺼내는 것도 험담이 되지. "지선이가 지난주에 기분이 많이 나빴다고 하더라.", "혜림이가 지난주에 결석한 이유 알고 있어?"처럼 말이야.

험담을 경계해야 하는 가장 큰 이유 중 하나는 부정적인 말은 내면을 어둡게 만들기 때문이야. 우리의 뇌는 부정적인 신호에 빠르게 긴장 상태에 돌입한다고 해. 그래서 같은 공간에 있는 누군가가 부정적인 감정을 표출하면 그 감정이 빠른 속도로 주위에 전해지는 거지. 자신의 건강한 감정을 위해서라도 비꼬거나 험담하는 것을 지양해야 하는 거야. 쉽지 않지만, 이렇게 스스로를 위한 공식을 만들어보면 어떨까? '지금 여기에 있지 않은 사람의 이야기는 하지 않는다'.

유튜브 채널에서 이경규가 국민 MC 강호동에게 진짜 존경하는 것이 하나 있다는 말을 해. 그것이 뭐였냐면 절대로 남의 험담을 하지 않는다는 거야. 뒤에서 이야기를 하지 않는다는 것은 그 자리에 없는 사람의 이야기를 하지 않는 거잖아. 즉 누군가를 함부로 평가하지 않는 태도를 이야기하는 거야. 다른 사람에 대해 안 좋은 얘기가 나오면 그만하자고 얘기하면서 그 상황을 환기시킨대. 평소에 다른 사람의 이야기를 하지 않는 습관을 가지고 있다는 거지. 그가 굉장히 오랜 시간 연예계에서 롱런하는 것은 이렇게 '뒤에서 다른 사람을 말하지 않는 습관' 때문일지도 몰라.

이름 부르기의 힘

내가 그의 이름을 불러주기 전에는

그는 다만

하나의 몸짓에 지나지 않았다.

내가 그의 이름을 불러주었을 때

그는 나에게로 와서

꽃이 되었다.
- 김춘수의 〈꽃〉 중

위의 시에서 꽃은 이름이 부르지 않았을 때 하나의 몸짓처럼 단순한 존재일 뿐이야. 그런데 누군가가 그의 이름을 불러주었을 때 비로소 고유한 존재로서 인식이 돼. '꽃'이 되는 거지. 이건 사람들 사이의 관계에서도 마찬가지인 것 같아. "네 생각은 어때?"라고 묻는 것보다 "우진아, 네 생각은 어때?"라고 물었을 때 우진이는 이름을 불린 것만으로도 많은 사람들 가운데 한 명이 아니라 자신이 대화의 특별한 일원으로 존중받고 있다는 느낌을 받게 되고, 자신의 말이 중요하게 여겨진다는 생각에 대화에 더 적극적으로 참여하게 될 거야. 말하기는 말을 잘하는 기술보다 상대방이 대화에서 어떤 감정을 느끼도록 말하는가가 핵심이거든. 그런데 이렇게 이름을 부르는 것은 그다지 어려운 일도 아니잖아. 그런데도 존중받고 있다는 느낌을 주고 참여를 유도하고 소속감을 갖게 하니 가장 쉬우면서도 효과가 좋은 소통의 기술인 셈이야.

소셜미디어에서도 댓글을 달 때 이름을 불러주면 훨씬 더 친근감이 느껴지더라. 상대방을 축하할 일이 있었을 때, "정말 축하해!"라고 쓰면 형식적인 인사치레라고 느껴지는데 거기에 그냥 간단히 이름만 얹어서 "성민아, 정말 축하해!"라고 쓰면 진심으로 축하받는 느낌이 들더라고. 실제로 온라인상에서 다정하고 사려 깊다고 평가받는 사람들 대부분이 이름을 붙여서 댓글을 쓰는 모습을 볼 수 있었어. 그런 댓글들을 보면서 따뜻하고 진심이 드러나 있다고 느끼게 되더라. 이름을 부르는 것에는 이런 힘이 있는 거야.

학기 초에는 도서관에 오는 학생들의 이름을 외우는 게 나의 중요한 미션이야. 학생이 대출할 때 내미는 학생증을 보고 이름을 외워 기억하지. 그리고 다음번에 그 학생이 도서관에 왔을 때 슬쩍 이름을 부르는 거야. "윤석아, 오늘 점심 메뉴 뭐였어? 맛있었니?", "규은아, 지난번에 대출한 책 어땠어? 재밌어? 선생님도 안 읽어봤는데 네 반응 보고 읽어볼까 싶어서." 이렇게 말을 건네면 바로 이런 반응이 돌아와. "선생님, 제 이름 어떻게 아셨어요?" 동시에 얼굴이 환해지고 나와 한걸음 가까워진 느낌이 들지. 내가 그의 이름을 불러주었을 때 그는 나에게로 와서 꽃이 되는 거야. 수업 시간에도 이름을 불러 대화를 시도할 때가 많은데 좋은 관계를 유지하기 위해서, 다정하게 나와 대화를 할 수 있도록 먼저 점수를 따는 말하기 스킬인 셈이지.

오늘부터 주위의 사람들에게 이름을 불러줘 봐. 사소해 보이지만 상대방의 이름을 확실하게 기억하고 부르면 대화에서 여러모로 도움이 될 거야. 반대로 이름을 틀리면 호감도가 직활강할 수 있으니 주의하고, 사소한 일상의 대화에서도 친구의 이름을 슬쩍 불러보자고. "선우야, 오늘 학교 끝나고 편의점에서 라면 사 먹자!"

공격적인 말엔 오히려 친절하게

최근 국내 온라인 커뮤니티에 '독일에서 혼자 돌아다니면 안되는 이유'라는 제목으로 한 유튜브 영상이 확산되었어. 해당 영상에는 한 동양인 여성이 거리에서 돌연 주먹으로 때리는 시늉으로 위협으로 당하거나 카메라를 치고 가는 등 인종차별을 당하는 장면이 담겨 있었지. 영상 속 주인공은 트위치에서 1만 4500명의 팔로워가 있는 인기 스트리머 '지아니 리(Giannie Lee)'였는데 갑자기 당한 봉변으로 눈물을 글썽였지. 게다가 한 식당에서는 방송 중인 그녀 옆에 중년 독일 남성들이 앉아 눈 찢는 제스처를 하거나 중국어를 흉내낸 듯한

'칭챙총(중국혈통이나 중국인으로 인식되는 동아시아 출신의 사람들을 조롱하기 위해 영어에서 사용하는 인종 비방 및 인종 차별적인 용어)'을 내뱉었어. 방송을 시청하던 사람들은 '저 사람들 취한 것 아니냐'는 반응을 할 정도로 이성적이지 않은 행동이었지. 그녀는 화가 나고 무척 당황했지만 곧 침착하게 말했어.

"이건 인종차별적인 행동이에요. 지금 제 방송으로 수백 명의 사람들이 당신의 행동을 보고 있어요. 저는 당신이 그들에게 공격당하질 원하지 않습니다. 저는 독일을 매우 사랑해요. 친절하게 행동해 주세요."

여러 번 "Be nice!"를 외치자 그들은 황급히 자리를 떴어. 그리고 이 해당 영상이 트위터 및 각종 SNS에 퍼지며 100만 회 이상의 조회 수를 기록하며 화제가 되었지. 이 일이 논란이 된 이후 그녀에게 놀라운 일이 생겼어. 길에서 우연히 만난 독일 남성이 지아니 리에게 다가가 "당신의 이야기를 신문에서 봤어요. 독일 남성들의 행동에 대해 사과해요."라고 응원의 말을 건네기도 한 거야. 무례한 독일인의 행동에 침착하게 대처했던 그녀의 부드러운 말에 감동했던 거지.

여럿이서 말하는 자리에서는 사람들이 1:1 대화에서보다 자신의 말에 대한 경계를 풀다 보니 이런 다양한 상황들이 발생할 수 있어. 독일에서 한 여성이 경험한 것처럼 상대방에게 이유 모를 날카로운 말을 들을 수도 있지. 하지만 그럴 때 상대방이 그렇게 행동했다고 해서 자신도 똑같이 반응하게 되면 그 대화는 결국 서로에게 마음의 상처를 내며 끝낼 수밖에 없어. 하지만 상대방의 무례함에도 불구하고 다정하고 친절한 말로 대처하게 되면 적대적인 대응을 할 때와 다르게 상황을 긍정적으로 이끌어갈 수 있어. 해와 바람이 길을 가던 남자의 코트를 벗기기 위해 대결을 한다는 〈해와 바람〉이라는 우화도 있잖아. 바람은 돌풍을 일으켜 남자의 코트를 벗기려 했지만 남자는 오히려 코트를 더욱 꽉 움켜잡았어. 반면에 해가 남자를 따뜻하게 비추자 더위를 느낀 남자는 스스로 코트를 벗게 되지.

상대가 나쁘게 말했다고 해서 '나도 반사'의 입장으로 일관하면 상황이 악화될 뿐 좀처럼 좋아지기 힘들 거야. 하지만 상대를 존중하고 이해한다면 자연스럽게 긍정적인 행동의 변화가 일어나지. "왜 상대방이 먼저 그랬는데 내가 친절하게 행동해야 하죠?" 따져 물을지도 모르겠지만, 당장의 기분에 휘둘리기보다 더 멀리를 생각하는 지혜를 가져보자고 말하고 싶어. 그리고 여러 사람과의 모임에서 의견 충돌이 생기거나 상대방의 가벼운 언행으로 감정이 격해질 때는 잠시 멈추고 상대의 행동 변화를 이끌어 내려면 어떻게 말해야 할지 한번 생각해 보면 좋겠어. 다정하고 착한 말의 힘을 생각하면서 말이야.

12장

'나'의 무엇을
보여주고 싶은지부터
생각하기

–

나를 확실하게 전달하는 면접 비법
#표현력

======= 면접은 지원자가 자신의 능력과 열정을 직접적으로 표현할 수 있는 중요한 기회야. 그런데 많은 지원자들이 긴장감 속에서 자신의 생각을 제대로 전달하지 못하고 면접관에게 아쉬운 인상을 남기곤 해. 대학 면접만 어떻게든 넘기면 될 것 같지만 면접은 단순히 대학 진학을 위한 과정이 아니야. 대학교 면접뿐 아니라 너희들이 나중에 아르바이트를 하거나 취업을 할 때에도 면접이 기다리고 있고, 취업 이후까지도 면접 볼 일이 숱하게 있지. 그렇기 때문에 면접관에게 긍정적인 인상을 남기고 자신을 제대로 표현할 수 있는 면접의 기술은 무척 중요한 역할을 하지. 면접 과정에서의 말하기는 단순한 정보 전달뿐 아니라 자신의 열정과 태도, 그리고 인성을 직접적으로 보여주는 기회이기 때문에 효과적인 말하기 방법을 구체적으로 확인해 보는 게 중요해. 정돈된 말, 올바른 언어 사용, 진정성 있는 표현이 지원자의 매력을 극대화하고 면접관에게 긍정적인 인상을 남기는 핵심 요소가 되지. 성공적인 면접을 위해 말하기의 어떤 기술을 익혀야 할지 알아보자.

인사만 잘해도 절반은 성공

우리는 흔히 '첫인상이 중요하다'라는 말을 들어. 이는 단순히 속설이 아닌 심리학적으로 입증된 현상으로 바로 초두효과(Primacy Effect)라고 하는데, 이는 인간의 기억 작용 중 하나로, 먼저 받은 정보가 나중에 받은 정보보다 기억에 더 오래 남는 현상을 말해. 우리가 처음 받은 인상이 이후의 평가에 지속적으로 영향을 미치기 때문에 첫인상이 매우 중요함을 설명하는 핵심 원리이기도 하지. 사실 친구들이나 주변 사람들과의 만남에서 이 초두효과는 언제든지 변화시킬만한 충분한 시간이 있어. 처음에는 그렇게 생각했을지 몰라도 여러 번 만나고 이야기를 나누면서 첫인상에 대한 오해나 편견을 버릴 수 있거든. 그런데 면접이나 소개팅과 같이 짧은 시간만이 나에게 주어져서 그 시간 안에 나를 보여줘야 할 때는 이 초두효과가 중요하게 여겨지지. 면접 상황을 떠올려 봐. 복도에서 차례를 기다리고 문을 열고 면접장에 들어가는 순간부터 우리는 평가를 받게 되잖아. 면접관은 지원자와의 짧은 상호작용을 통해 그 사람의 능력이나 성격을 판단해야 하기 때문에, 지원자가 처음에 어떤 인상을 주는지가 무척 중요하지. 그러면 면접에 갔을 때 초두효과로 긍정적인 피드백을 받기 위해 가장 필요한 것은 뭘까? 바로 첫 번째로 하는 행동인 인사야.

인사는 대화의 시작점이기도 하고 좋은 인사는 면접의 분위기를 부드럽게 만들어주지. 또한 인사 하나로 지원자는 면접관에게 신뢰감을 줄 수도 있어. 예를 들어, 눈을 바라보며 미소를 지으며 인사하면 면접관은 지원자에게 긍정적인 인상을 받게 되지. 목소리는 힘이 실려 있어야 하고 명확하게 목소리가 전달되어야 해. 단순히 목소리가 크다고 해서 자신감 있어 보이는 것이 아니기 때문에 적절한 성량과 톤으로 긍정적인 이미지를 심어주기 위해 노력해야 하는 거야. 가장 쉬운 방법은 밝은 미소로 인사하는 것. 첫인상을 결정 짓는데 3초가 걸리고 그것을 만회하는 데 40시간이 걸린다고 하니, 이 3초라는 짧은 인사의 시간이 얼마나 중요한지 알겠지?

답변 공식 3 : 능동적으로, 구체적으로, 깔끔하게

면접에서는 질문을 정확히 파악하고 그에 대한 명확한 답변을 하는 게 중요해. 아르바이트 면접을 갔다고 해보자.

"저희 카페에 지원하신 이유가 무엇인가요?"

"제가 평소 커피를 좋아해서 부모님께서 한번 일을 해보면 어떠냐고 추천해 주셨어요."

지원한 이유에 대해서 나름대로 답변을 했지만 조금 눈에 거슬리는 점이 있어. 바로, 능동적인 태도가 아니라 수동적인 지원동기를 말한다는 점이지. 내가 하고 싶어서가 아니라 누군가가 시켜서라는 느낌을 주게 되면 적극적이지 않다는 느낌을 받게 되어서 좋지 못한 인상을 주게 되지. 이렇게 말해보면 어떨까?

"저는 커피와 다양한 음료에 관심이 많습니다. 커피와 음료 제조 과정을 배워왔고 그 순간들이 재미있고 즐거웠습니다. 카페에서 손님에게 이런 서비스를 제공하면서 매 순간 즐거움을 느끼는 전문적인 바리스타로 성장하고 싶어서 지원했습니다." 자신의 흥미를 이야기하고 그것을 위해 노력하고 있는 과정과 미래의 지향점까지 완벽한 지원동기로 느껴지거든. 분명 긍정적인 인상을 줄 수 있을 거야.

동아리 면접 때에도 마찬가지야.

"연극 동아리에 들어오고 싶은 이유가 무엇인가요?"

"저는 어렸을 때 〈빨래〉라는 연극을 보면서 연극에 관심을 가지기 시작했어요. 무대에서 다른 사람들과 연기하는 것에 호기심이 생겼습니다. 동아리에서 친구들과 연기를 배우고 연극 연습을 하면서 친구들과 멋진 공연을 하고 싶어서 동아리에 지원했습니다." 말꼬리를 흐리지 않고 명확하게 끝맺으니 말에서 자신감까지 느껴지지. 그리고 하나 더, 손발이 오그라들더라도 올바른 말과 경어를 사용해야 해. 간혹 비속어나 유행어를 사용하는 것을 센스와 자율성, 참신함으로 포장하는 학생들도 있는데 면접장은 격식을 차려 치러지는 시험과 같기 때문에 올바른 언어 사용이 필수야.

"본인의 강점에 대해 말해주시겠어요?"
"제 강점은 소통 능력입니다. 팀원들과의 케미가 진짜 좋거든요. 그래서 항상 분위기를 띄우는 역할을 합니다. 그렇게 팀원들과의 꿀조합으로 프로젝트를 성공적으로 해나간 경우가 많습니다."

"이 전공을 선택한 이유는 무엇인가요?"
"요즘 이 분야가 핫하다고 들었어요. 그래서 이 흐름에 맞춰서 공부하고 싶어서 지원하게 되었습니다."

위의 대화에서 '케미' '꿀조합' '핫한' 등의 단어를 사용했는데 이렇게 유행어를 사용하면 진지함을 떨어뜨리지. 게다가 신조어를 과하게 사용하면 면접관이 자신의 말을 잘 이해하지 못할 수 있고 분위기를 해칠 수 있어. 면접은 자신의 능력과 열정을 진지하게 표현하는 자리이기 때문에 이렇게 진지하지 못한 비격식어들은 피하는 게 맞아. 그리고 명확한 의사전달이 먼저이기 때문에 예의 있고 친절하고 유연하면서도 핵심을 정확히 전달할 수 있는 깔끔한 말의 표현이 필수라고 생각해.

면접에서 묻는 핵심은 하나

대학교 면접에 가면 여러 가지 질문을 해.

"자기소개 해주세요."

"왜 우리 학교에 지원했나요?"

"당신의 장점과 단점은 무엇이고, 그것이 학업에 어떻게 도움이 될 것이라 생각하나요?"

"지원한 학과에서 공부하면서 앞으로 가진 목표는 무엇인가요?"

"학교생활 중 가장 기억에 남는 경험은 무엇인가요?"

나의 학교생활이나 나의 성격처럼 각기 다른 내용을 확인하는 것처럼 보이는 질문들이지만 사실 결국 묻고자 하는 핵심은 단 하나야.

"당신은 어떤 사람인가?"

면접관들은 이러한 질문을 통해 네가 네 스스로를 어떻게 생각하고 있고, 본인이 어떤 사람인지 설명할 수 있는지를 확인하는 거지. 전공과 관련된 개념이나 시사와 연결된 내용도 개념을 정확하게 알고 있는가보다는 학생이 그 질문을 받아들이고 생각하고 말하는 태도를 봐. 사실 유무보다 너의 성향을 파악하는 것이지. 그러면 어떻게 말하면 좋겠냐고? 바로 진심을 전달하면 돼. 내가 어떤 사람인지, 내가 왜 이런 공부를 하고 싶은지, 나는 어떤 것을 할 때 가장 행복하고 즐거운지 그런 것들을 단순한 답변이 아니라 격식을 갖춘 대화로 이끌어가는 거야. 친구들과 편하게 나누는 말에 예의를 더하면 되는 거지.

모집 단위	평가 항목	면접 질문
행정학 전공	서류 신뢰도 (역량확인)	지방정부 재정건전성 현황과 강화를 위한 방안으로 연구보고서를 작성하였는데, 주제선정 이유와 이를 통해서 배운 점을 얘기해 주세요. ▶ 자율활동

모집 단위	평가 항목	면접 질문
경영학과	학업 준비도 (학업 역량)	영어에서는 높은 이수등급과 높은 성취도를 기록한 것 같은데 상대적으로 수학의 이수 단위가 낮은 편입니다. 장래에 이러한 약점을 어떻게 극복할 것인가요? ▶교과학습 발달상황
국어국문 학과	인성 (공동체 역량)	학급에 없어서는 안 되는 빛나는 학생이라는 평가를 받았는데 실제 자신이 노력한 공동체 역할에 대해서 말해보세요. ▶행동특성 및 종합의견

출처: 2025 동국대학고 학생부위주전형 가이드북

최근 많은 대학이나 회사에서는 그 사람이 가지고 있는 지식보다 인성 영역을 중요하게 평가하는 추세라고 해. 자기소개서나 서류에서는 이러한 영역들을 열심히 과장하여 표현할 수 있지만 면접에선 이를 구체적으로 보여줘야 하기 때문에 단순히 말을 잘하려고 하기보다는 내가 보여주고자 하는 모습을 진정성 있게 이야기하는 연습이 필요한 것이지. 말을 조금 더듬거나 표현이 미흡해도 자신의 모습을 제대로 보여준다는 마음으로 임하면 좋은 평가를 받을 수 있을 거야. 면접은 사실 무척 단순하고, 말을 잘하는 사람이 면접에서 운이 따를 것 같지만 그 무엇보다 진솔한 모습이 가장 중요하기 때문에 항상 그런 모습을 보여주기 위해 노력해야 해.

합격률을 높이는 답변 스킬

면접은 정해진 시간 동안 주어진 질문에 대한 답을 하는 상황이기 때문에 말을 장황하게 하면 안 돼. 특히 면접과 같이 길게 진행되는 상황에서 면접관들은 다른 지원자에게도 같은 질문을 반복하기 때문에 집중력이 떨어질 수 있거든. 그래서 면접관들이 내가 하는 말의 의도를 정확하게 파악할 수 있도록 말의 구조와 논리성을 갖추어야 하는데, 지금부터 그 방법을 알려줄게.

첫 번째, 두괄식으로 결론부터 말해야 해. 지원 동기에 대한 질문을 했을 때를 예로 들어볼게.

교수 : 왜 우리 학과에 지원했나요?

학생 : 이 학과에 지원한 이유는 과학 실험이 풍부한 커리큘럼이 제가 좋아하는 것과 맞닿아있다고 생각했기 때문입니다. 저는 평소 과학에 관심이 많아 관련 책들도 많이 읽고 있는데 이 학과에서 다양한 커리큘럼으로 공부하면 제가 학문적으로 더 깊이 있게 성장할 수 있을 것입니다.

질문의 핵심을 파악하고 지원한 이유부터 결론으로 먼저 말하는 거지. 먼저 핵심내용을 말한 후에 뒤에 살을 붙이기 때문에 핵심내용에서 벗어나지 않고 훨씬 조리 있게 말할 수 있고, 듣는 사람도 상대방이 말하는 의도를 오해하지 않고 들을 수 있어. 또한 결론을 이야기하고 그에 대한 설명과 이유를 말하면 논지가 명확하고 문장이 깔끔하게 마무리돼. 평소에 내가 두서없이 말한다고 느꼈다면 두괄식으로 결론부터 말하면 간단명료하게 내 이야기를 할 수 있어. 이렇게 말하기 위한 하나의 팁이 있다면 답변을 할 때 질문의 내용을 다시 한번 언급하는 거야. 그러면 결론부터 말하려고 노력하지 않아도 무조건 그렇게 말할 수밖에 없거든. 그런데 아래처럼 두괄식으로 답하지 않잖아? 그러면 지원동기가 한눈에 명확하게 드러나지 않고 주제가 분산돼.

교수 : 왜 우리 학과에 지원했나요?

학생 : 어릴 때 물로켓을 만들어본 적이 있는데요, 그때의 이후로 과학을 좋아하게 되었습니다. 특히 물리가 재미있어서 관련 책들도 많이 읽고 있습니다. 그러다 이 학과에서 제가 관심 있는 내용을 다양한 커리큘럼으로 가르치고 있다는 것을 알게 되었습니다. 다양한 커리

큘럼으로 공부하게 되면 학문적으로 더 깊이있게 성
장할 수 있을 것이라고 생각합니다.

두 번째, 대답을 구조적으로 정리해서 말하는 거야. 이렇게
말하게 되면 명확하게 전달할 수 있고, 듣는 사람의 기억에 더
잘 남는다고 해. 구조적으로 정리하는 데에는 여러 가지 방법
이 있는데 '주장-이유-결론'처럼 하고자 하는 말을 명확하게
전달하는 방법이 있어. "취미가 무엇인가요?"라는 질문에 "저
는 독서를 좋아합니다. 그 이유는 독서를 통해 간접 경험을 하
면서 다양한 즐거움을 느낄 수 있기 때문입니다. 그래서 저는
매주 3번, 30분씩 책을 읽는 시간을 정하여 독서를 꾸준히 하
기 위해 노력하고 있습니다." 이런 구조로 말하면 논리적으로
자신의 생각을 전달할 수 있고 구체적으로 표현할 수 있어. 3번,
30분처럼 구체적 수치를 사용하면 내용이 더 명확해진다는
것도 기억해.

단계를 나누어 설명하는 방법도 있어. "경영인이 가져야 할
자질이 무엇이라고 생각하나요?"라는 질문에 이렇게 답하는
거야. "경영인에게 필요한 자질은 첫째, 리더십, 둘째, 의사결
정 능력, 셋째, 커뮤니케이션 능력이라고 생각합니다. 먼저 효
과적인 리더십은 모두가 함께 목표를 향해 나아가게 하고 조

직의 비전을 공유하게 하기 때문에 필요합니다. 그리고 의사 결정 능력은 다양한 상황에서 신속하고 효과적인 결정을 내리는 데 꼭 필요합니다. 마지막으로 다양한 이해관계자와 효과적으로 소통할 수 있어야 하기 때문에 커뮤니케이션 능력이 필요합니다. 이런 이유로 세 가지가 경영인에게 필수적인 자질이라고 생각합니다." 이렇게 단계적으로 말하니 어때? 경영인이 가져야 할 세 가지 자질이 머릿속에 쉽게 떠오르잖아. 구조화된 형태로 정보를 제공하기 때문에 듣는 사람이 쉽게 기억할 수 있게 되는 거지. 특히나 면접이라는 특수 상황에서는 듣는 사람 즉 면접관에게 이렇게 쉽게 각인시키는 것만큼 중요한 것은 없기 때문에 구조화를 시켜서 단계를 나누어 설명하면 좀 더 센스 있게 답할 수 있을 거야.

학생들의 모의 면접을 지도했던 적이 있었어. 자신감 있는 태도로 들어와 자리에 앉는 것, 목소리를 크게 또렷하게 내고 '음, 저, 혹시'와 같이 불필요한 말버릇을 줄이는 것, 손이 계속 머리카락을 만지는 것, 시선 처리 등 생각보다 많은 학생들이 면접의 기본 '태도'에 대해 잘 모르는 것을 보고 놀랐어. 면접에서 질문에 군더더기 없이 대답하고, 논리적으로 말하는 것도 무척 중요하지만, 결국 그러한 것들을 제대로 표현하는 방법은 바로 태도라고 볼 수 있거든. 면접에 맞지 않는 행동이 결국은 자신이 말하고자 하는 바를 정확하게 표현하는 데 방해가 될 수도 있는 거야.

많은 학생들이 긴장해서 시선을 아래로 두거나 면접관을 제대로 바라보지 못하는 경우가 있더라. 면접관은 지원자가 입장하는 순간부터 너희들의 태도를 관찰해. 자신감 있는 모습으로 들어와 자리에 앉아 면접관의 눈을 바라보며 대화하는 것 자체가 신뢰감과 자신감 있는 태도를 보여줄 수 있지. 목소리를 또렷하게 내고 불필요한 말버릇은 답변에 확신이 없다는 인상을 줄 수 있기 때문에 자신의 말버릇에 대한 모니터링을 꾸준히 하면서 말의 명확성을 높이기 위해 노력해야 해. 긴장한 탓에 어깨가 움츠러들거나 팔짱을 끼거나 발을 떨며 제대로 앉아있지 못하는 경우도 있었어. 그 상황에서 모두가 다 떨리는 것은 이해하지만 그런 행동이 자신감이 없고 면접에 집중하지 못하고 있다는 것을 그대로 보여주니까.

하지만 혹시라도 "어떡하죠? 저도 이런 행동을 자주 하는 것 같거든요. 모두 해당되는 것 같은데요?"라며 미리 걱정할 필요는 없어. 이런 태도들은 습관의 문제이기 때문에 여러 번 연습하면서 의식적으로 고치려는 노력을 하다 보면 자연스럽게 개선해 나갈 수 있거든. 쉽지는 않지만 말이야. 면접에서 이런 태도는 지원자인 나의 능력과 열정을 효과적으로 전달하는 데 필수적인 요소야. 그러니 연습하고 몸에 익히는 것은 단순한 행동의 교정이 아니라 자신을 표현하는 방법을 배우는 과정이라고 생각하길 바라. 여러 번의 연습을 통해 자신감 있는 태도를 기르고 긍정적인 인상을 남길 수 있도록 하자고. 결국은 태도가 면접 성공의 열쇠라는 점을 잊지 말고!

아싸는 모르는 인싸의 말비책 ④

대화의 윤활유, 센스 있는 칭찬

얼마 전 수업 시간에 우리 학교 교복으로 만든 후드를 입고 교실에 들어갔어. 그 반에서 인싸인 친구가 나에게 이렇게 말하더라.

"선생님 우리 학교 1학년 신입생인 줄 알았어요."

"야, 적당히 칭찬해야지 너무 심하게 칭찬을 하면 놀리는 것 같잖아."라고 잔소리를 했지만 내심 속으로는 기분이 좋았어. 칭찬은 고래도 춤추게 한다는 말이 있잖아. 상대방에게 칭찬을 통해 상대방의 장점을 강조하면 그 칭찬을 받은 사람은 그 사람과 대화를 계속 이어가게 돼. 나와 대화하면서 좋은 이야기를 해주는 상대방이니까 계속 대화하고 싶은 거지. 예를 들어, "오늘 옷이 날씨랑 너무 잘 어울려!" 혹은 "머리 스타일 바꾸니까 훨씬 예뻐 보이는데?" 와 같은 간단한 칭찬은 상대방의 기분을 좋게 만들고 계속 대화하고 싶은 사람으로 만드는 거지. 이런 칭찬이 너무 진부하다고? 그렇게 생각할 수도 있고 그래서 칭찬을 받는 것도 어색하게 느낄 수 있지. 하지만 진심 어린 칭찬과 감사의 말을 들었을 때를 떠올려 봐. 아마도 기분 좋았던 경험이 떠오를 거야.

 '행복은 기쁨의 강도가 아니라 빈도다'라는 말도 있듯이 칭찬 또한 강도 보다는 빈도야. 큰 칭찬을 하는 것보다 매일 매일 소소하게 하는 칭찬의 횟수마다 사람들은 행동에 변화가 일어난다고 해. 왜냐하면 뇌가 칭찬이 강도를 파악하지 못하고 칭찬을 듣고 있다는 정도만을 인식하기 때문이지. 그러니까 단순하고 간단한 칭찬을 많이 하게 되면 듣는 사람은 자신감이 올라가고 나 스스로에게 자신감을 넘치게 말을 유도하는 사람에게는 당연히 호감이 생길 수밖에 없겠지. 쉽게 생각해서 작은 것이라도 상대방을 칭찬하는 능력을 키우면 자연스럽게 친구들에게 유대감을 형성하게 되고 친구들로부터 신뢰를 얻을 수 있어서 함께 대화를 나누고 싶은 친구로 등극하게 된다는 거야.

 한때 오픈카톡방에 수백개의 '칭찬방'이 있었어.

**대학교 칭찬방, 직장인 칭찬방, 서울 칭찬방, 20대 칭찬방 등 다양한 그룹의 끝없는 칭찬방이 존재했었지. 이 칭찬방은 어렸을 때 우리가 방긋 웃기만 해도, 두 발로 서기만 해도 칭찬받던 그 시절처럼 칭찬이 난무해.

전 양치 안 했어요.

→ 양치 안 하는 결단 칭찬해. 충치균도 생명이다.

→ 혹시 또 뭔가를 먹을지 몰라서 양치 안 한 당신 칭찬해.

저는 대머리예요.

→ 너는 샴푸를 아낄 줄 아는구나. 대단해.

→ 환경을 생각한 머리 칭찬해.

대화를 보면서 어떤 생각이 들어? 웃음이 나오지 않아? 그리고 나의 부족함을 따뜻하게 감싸주는 느낌이 들어서 나도 모르게 기분이 좋고 당당하고 자신감까지 생겨. 이런 칭찬이 그저 싱거운 이야기가 아니라 다른 사람을 즐겁고 행복하게 만들어준다고 생각해 봐. 어려운 문제를 풀어야 하는 것도 아니고 외워야 하는 것도 아니니까 아주 사소한 것부터 자연스럽게 칭찬해 주는 것은 어려운 일도 아니야. 고마움과 존중을 담아 상대를 인정해 주면 자존감이 올라가. 상대방뿐 아니라 나까지도.

사춘기를 위한 말하기 수업

초판 1쇄 인쇄 2025년 4월 29일
초판 1쇄 발행 2025년 5월 9일

지은이 | 권희린

발행인 | 박재호
주간 | 김선경
편집팀 | 허지희
마케팅팀 | 김용범

디자인 | 석운디자인
일러스트 | 송효정
종이 | 세종페이퍼
인쇄·제본 | 한영문화사

발행처 | 생각학교
출판신고 | 제25100-2011-000321호
주소 | 서울시 마포구 양화로 156(동교동) LG 팰리스 612-2
전화 | 02-334-7932 팩스 | 02-334-7933
전자우편 | 3347932@gmail.com

ⓒ 권희린 2025

ISBN 979-11-93811-49-8 (43700)